AF332572

EX BIBLIOTHECA SEMINARII SANCTI SULPITII PARISIENSIS
SIG. S·S·S

LE
PÉLERINAGE
DE
SAINTE-ANNE D'AURAY.

PROPRIÉTÉ DE L'ÉDITEUR.

VUE DE L'ÉGLISE DE Ste ANNE

LE PÉLERINAGE

DE

SAINTE-ANNE D'AURAY,

AVEC FIGURES,

SUIVI

D'UNE NOTICE HISTORIQUE

SUR LES ENVIRONS;

Par le P. Arthur MARTIN, de la Compagnie de Jésus.

En vérité, le Seigneur est là..
Que ce sanctuaire est vénérable!
C'est la maison de Dieu et la porte
du Ciel. GEN. 28. 16.

Troisième Édition.

VANNES,

CHEZ J.-M. GALLES, IMPRIMEUR-LIBRAIRE, ÉDITEUR.

1845.

AUX PÉLERINS.

Ce n'est pas aux hommes irréligieux ou frivoles que s'adresse ce petit ouvrage : privés qu'ils sont de la lumière de la foi et du trésor de la piété, de quel intérêt serait pour eux le récit des faveurs célestes accordées à nos contrées et de la touchante reconnaissance de nos pères ? C'est à vous seuls que nous l'offrons, chrétiens fidèles, qui n'avez rien de plus cher en ce monde que la Religion et ses pratiques ; à vous surtout, pieux Pélerins, qui continuez de venir avec tant d'affluence vénérer dans son sanctuaire la sainte Patronne de la Bretagne.

Puisse ce manuel, offert à votre dévotion, contribuer à la rendre encore plus fervente !

Vous verrez dans ce récit par quels humbles commencements s'est révélée l'œuvre du Ciel, combien de contrariétés ont long-temps servi à éprouver les desseins de Dieu, avec quelle ardeur de foi nos pères accoururent, dès les premiers jours, aux pieds de la sainte Image, et aussi quelle abondance de faveurs a récompensé dans tous les temps leur juste confiance. C'est à leur exemple et avec leurs sentiments, qu'héritiers de leur foi, vous aimerez à venir à votre tour remplir les mêmes devoirs. Depuis deux cents ans il est peu d'âmes pieuses, surtout dans le midi de la Bretagne, qui ne fassent une fois dans l'année le pélerinage de Sainte-Anne.

Venez si vous avez des besoins, venez si vous avez des peines; si, après de longs égarements, vous êtes enfin lassés de résister à Dieu; ou bien, si, déjà justifiés, vous vous sentez trop faibles dans la vertu, venez; mais, pour obtenir l'objet de vos vœux, venez en Pélerins chrétiens; que le voyage de Sainte-Anne ne dégénère pas en une simple partie de plaisir; préparez-vous-y par une bonne confession; commencez-le, continuez-le par la prière; qu'un saint recueillement vous y accompagne et que la ferveur le couronne.

Dès que vous apercevrez la haute tour, qui ne semble se montrer de si loin que pour rappeler à tout le pays le nom auguste qui le protége, saluez-la avec joie; puis approchez avec un religieux respect d'un séjour aimé du Ciel ; pensez en entrant que vous foulez une terre de miracles; dites avec le Patriarche : « En vérité, » le Seigneur est ici. Que ce lieu est sacré ! » C'est la maison de Dieu et la porte du Ciel. »

Là, en présence de Dieu caché dans son Tabernacle, auprès de l'Image miraculeuse, dans l'endroit même où la céleste lumière la fit découvrir autrefois, que votre fois se réveille et laissez parler votre cœur ; souvenez-vous de tout ce que vous aimez en ce monde : que la mère y prie pour ses enfants, l'épouse pour son époux, l'enfant pour ses père et mère ; que tous invoquent celle qui fut fille si soumise, épouse si fidèle, mère si heureuse et si tendre, et le modèle accompli des femmes vertueuses.

Mais la famille du chrétien ne se borne pas à quelques parents selon la chair; vous recommanderez donc à sainte Anne vos amis, vos concitoyens, le pays que vous habitez; vous lui recommanderez toute la France, pour qu'on y voie refleurir la religion qui guérit toutes les plaies, qui entretient toutes les vertus et unit entre eux tous les cœurs; vous lui recommanderez toute l'Eglise, pour qu'à travers la persécution des méchants, elle étende de plus en

plus ses bienfaits sur la terre et voie se multi-
plier avec ses enfants les citoyens du Ciel.

Mais, ô Pélerins, vous oublieriez-vous vous-
mêmes : vous-mêmes, et cette affaire du salut,
la grande et unique affaire de la vie, puisque
c'est celle de l'éternité ? Le pélerinage ne
serait fait qu'à demi, si vous ne rentriez pas
en vous-mêmes pour vous demander où vous
en êtes vis-à-vis de Dieu. Puissiez-vous avoir
à vous répondre que vous vivez dans sa crainte,
soumis à sa volonté et pleins de desir d'avancer dans son amour ! Puissiez-vous vous trouver en état de vous approcher de lui par une
communion fervente qui devienne comme le
sceau de vos saintes résolutions !

Que si, venant à sonder votre conscience,
vous sentiez, hélas ! se réveiller des remords :
ô ne vous retirez pas, pauvres infortunés, rap-
prochez-vous plutôt de l'autel de sainte Anne.
Auprès d'elle le pécheur qui n'est pas endurci
a bientôt cessé d'être pécheur. Et le moyen de
résister long-temps à tout ce qui le presse ? Ce
pavé du temple que tant d'autres avant lui ont
arrosé de pleurs, ces murs couverts des monuments de la piété reconnaissante, ces autels
témoins et garants de tant de serments de fidélité dans la vertu, cette foule empressée qui

l'encourage par son exemple; et, bien plus que tout cela, la protection de l'auguste Sainte, et ces grâces divines, toujours si pénétrantes, mais là, plus abondantes qu'ailleurs : tout parle au cœur; et le vôtre, trop malheureux s'il est coupable, ne résistera pas; il s'ouvrira au repentir et le pardon descendra du Ciel. Vous serez vous-mêmes l'objet d'un miracle et du plus admirable des miracles de sainte Anne.

Puisse enfin ce pieux pélerinage rappeler à tous ceux qui l'accompliront cet autre pélerinage dont il est l'image, celui de la vie ; car cette vie est aussi un voyage et un voyage bien court. Comme le pélerin de Sainte-Anne, on y marche souvent au milieu des ténèbres et par des chemins âpres et difficiles ; mais comment se laisser décourager par la fatigue, si l'on vient à penser au terme ? N'allons-nous pas aussi au Temple du Seigneur, au Temple où ses élus l'entourent ? Encore un peu, et nous le verrons apparaître au lever du jour ; ses portes vont s'ouvrir, ses fêtes commencer pour nous, et celles-là ne finiront pas : le pélerinage du Ciel n'a pas de retour.

DOCUMENTS

A consulter sur l'histoire du pélerinage de Sainte-Anne.

Delineatio observantiæ Carmelitanæ Redonensis, edita Lutetiæ Parisiorum, à Joan. Guillemot, an. 1645, ch. 31.

Fornara in anno memorabili Carmelitarum T. 2.º sub die 26 Julii, pag 233.

Daniel à Virgine Mariâ in suo speculo Carmelitarum, t. 2, parte 4.ª, sub die 26 Jul. n.º 2139.

Spondanus Apamiensis Ep. et Card. annales... ad annum 1625.

Continuatio annalium Baronii, t. 3. ad ann. 1625.

Mathias de St.-Bernard, *dans son ouvrage français sur sainte Anne.*

Hugues de St.-François, *dans ses grandeurs de sainte Anne.*

Les Bollandistes, Acta Sanctorum mensis Julii : *ces savants disent de l'histoire du pélerinage que les raisons qui en garantissent la vérité sont si fortes et si puissantes qu'elles doivent commander l'assentiment de tout esprit qui cède à l'évidence.*

Ste ANNE
Mère de la Reine des Cieux.

LITANIES DE SAINTE ANNE.

—CO—

Seigneur ayez pitié de nous.
Christ, ayez pitie de nous.
Trinité sainte, qui êtes un
  seul Dieu,
  ayez pitié de nous.
Mère de la Ste Vierge,
Epouse de Joachim,
Belle-mère de Joseph
Arche d'alliance
Joie des Anges,
Fille des Patriarches,
Voix des Prophètes,
Modèle de dévotion,
Port de salut.
Etoile des Marins,

Guide des Voyageurs,
Calme des Tempêtes
Refuge des Malheureux,
Mère des Orphelins.
Délivrance des Captifs,
Miroir de Miséricorde,
Avocate des Chrétiens,
Soutien des Veuves,
Asile des Affligés.
Médecin des Malades,
Langue des Muets,
Oreille des Sourds,
Loi de tous ceux qui
  ont eu recours à vous,

Sainte-Anne, Priez pour nous.

SAINTE ANNE, MÈRE DE LA REINE DES CIEUX.
Intercédez pour nous qui avons recours à vous.

ORAISON.

Dieu tout-puissant, qui avez choisi Sainte Anne pour
être la mère de votre Fils unique, faites, s'il vous plaît
que comme nous célébrons sa mémoire, ainsi nous parve-
nons à la vie éternelle. Ainsi soit-il.

Paris. — Impr. Smith. r. Fontaine-au-Roi, 16.

LE PÉLERINAGE

DE

SAINTE-ANNE D'AURAY.

PREMIÈRE PARTIE.

Découverte de la Statue miraculeuse.

> Le lieu restera inconnu en attendant que
> Dieu y rassemble un grand peuple, et
> qu'il y exerce ses miséricordes : alors
> le Seigneur le manifestera, et l'on verra
> apparaître sa majesté. II. MACH. II. 7 , 8.

CHAPITRE PREMIER.

Village de Keranna. — Antiquité du culte de sainte Anne.

Le bourg de Sainte-Anne est situé dans
paroisse de Pluneret, à trois lieues de
ville de Vannes, chef-lieu du Morbihan,
résidence de l'Évêque, ancien séjour des

Ducs de Bretagne, et à une lieue seulement d'Auray, petite ville célèbre par les ruines de son antique château, par la bataille où la mort de Charles de Blois décida le triomphe de Jean de Monfort; et, depuis, par la mort déplorable et le magnifique monument des Victimes de Quibéron à la Chartreuse.

Ce que l'on voit aujourd'hui dans Sainte-Anne ne remonte pas à une haute antiquité. Les lieux où se trouvent la chapelle miraculeuse, la haute tour, la vaste maison et le bel enclos du petit-séminaire, n'ont été pendant de longs siècles que des champs et des prairies jetés sur les bords marécageux d'une lande, et à une petite distance d'un hameau de quelques feux. Ce hameau s'appelait *Keranna* (1), et ce nom rappelait l'ancienne dévotion qui lui avait donné naissance.

En effet, il y avait eu autrefois, et au même endroit qu'aujourd'hui, une chapelle sous l'invocation de sainte Anne, et sa fondation devait remonter aux premiers âges de l'Eglise, s'il est vrai, comme nous le verrons bientôt, qu'elle fut détruite vers l'année 699. A cette époque, la Bretagne était depuis long-temps chrétienne. Dès le

(1) Ker anna veut dire village d'Anne.

troisième siècle l'évangile avait été prêché aux Venètes par saint Clair, premier Evêque de Nantes. Un siècle plus tard, saint Patern avait fondé l'évêché de Vannes; et, dans les temps qui suivirent, étaient arrivés en foule, avec les colonies Bretonnes qui ont laissé leur nom à l'Armorique, les Evêques et les solitaires qui ont fait la gloire du sixième siècle.

A la fin du septième siècle, l'évêque saint Mériadec venait de finir une carrière riche de vertus et de bienfaits; et le roi saint Judicaël venait de passer ses derniers jours dans l'humilité d'un cloître; sa mort avait laissé le pays déchiré par de cruelles guerres où l'Eglise de Sainte-Anne se sera trouvée abandonnée.

Quoi qu'il en soit, en 1622, époque où nous prenons notre récit, il ne restait plus de l'antique chapelle que des débris informes entièrement cachés sous le sol, et de vagues souvenirs qui nourrissaient encore la piété des habitants du voisinage.

Un phénomène remarquable contribuait à entretenir la vénération pour ces saintes ruines. Elles se trouvaient au milieu d'un champ de blé appelé le *Bocenneu* ou *Bocenno*; et, bien qu'on pût bêcher l'emplacement, on n'avait jamais pu, de mémoire d'homme, y faire passer la charrue. L'expérience avait été tentée cent fois, et tout récemment encore. Arrivé là, l'attelage se cabrait et reculait effrayé; si l'on pressait davantage, les bêtes s'effarouchaient jusqu'à briser la charrue dans leurs écarts. De sorte que, quand on envoyait quelqu'un conduire la charrue au Bocenno, on ne manquait jamais de lui dire, ce qui était devenu comme un proverbe dans le pays : prenez bien garde à l'endroit de la chapelle.

Ces événements répétés semblaient annoncer que la Sainte, autrefois honorée dans ces lieux par nos pères, avait des desseins sur le culte de leurs enfants. Aussi les vieillards tenaient-ils de leurs ancêtres qu'un jour viendrait où la chapelle se releverait de ses ruines; et, par un singulier pressentiment, chacun se promettait le bonheur d'en être témoin, à mesure qu'on approchait davantage du jour de la découverte miraculeuse.

CHAPITRE II.

Le bon Nicolazic. *— Premières apparitions.*

L'instrument qu'il plut à Dieu de choisir pour accomplir ses desseins fut un simple laboureur du village de Keranna. En jetant ainsi les yeux sur un homme inconnu et sans autorité dans le monde, il se montrait fidèle aux saintes lois de sa providence, qui a toujours aimé à révéler aux petits et aux humbles ce qu'elle cache aux grands et aux superbes. Plus les moyens humains sont d'eux-mêmes inefficaces, plus il est facile de reconnaître dans les faits le doigt du Tout-puissant.

Yves Nicolazic était d'une pauvre famille du pays, et tenait depuis long-temps la ferme du Bocenno, appartenant à la maison de Kerloguen. C'était un de ces hommes rares qui pratiquent la vertu par goût et par habitude, et qu'on dirait nés avec elle. Dès son enfance, on l'avait vu exact à remplir tous ses devoirs religieux ; et le temps critique des passions n'avait pu l'en écarter ; il était alors dans toute la maturité de l'âge et de la vertu, de quarante-trois ans environ. Ses voisins le choisissaient ordinairement pour arbitre dans leurs différents, convaincus qu'il eût mille fois préféré recevoir un tort que de l'occasionner aux autres. Cette habitude du bien était d'autant plus solide, qu'elle reposait sur un grand fond de foi et de piété, entretenu par l'amour de la prière. Il était jaloux de mettre à profit pour le Ciel les moindres moments de ses journées. Quand on le rencontrait dans les chemins, on était sûr de le trouver récitant dévotement son chapelet : son attrait particulier était d'offrir ses actions pour le soulagement des âmes du purgatoire. Il avait été formé par ses parents à une dévotion sensible envers la très-sainte Vierge et sainte Anne; et il l'avait cultivée depuis son enfance, sans jamais séparer dans sa pensée le souvenir de la fille de celui de la mère.

Tel était l'homme que sainte Anne allait combler des plus étonnantes faveurs, et qui devait servir d'instrument à une fondation assez considérable pour faire honneur aux plus grands Princes.

Depuis quelque temps, sans qu'il pût trop s'en rendre compte, il sentait se fortifier de plus en plus sa dévotion envers sa sainte patronne. C'était un avant-coureur des merveilles qui allaient avoir lieu.

La première fut une clarté extraordinaire qui parut tout à coup dans sa maison, au milieu de la nuit, et qui semblait provenir d'un cierge porté par une main isolée. Le phénomène dura le temps, ce fut son expression, de réciter deux *Pater* et deux *Ave*.

Six semaines après, un dimanche, une heure après le coucher du soleil, le même prodige se renouvela dans le champ du Bocenno; seulement la vision du flambeau fut plus courte et la main mystérieuse ne parut pas.

Dans l'impossibilité de trouver une autre explication de ce qu'il voyait, Nicolazic vint à penser que ces apparitions pouvaient provenir de sa mère, décédée depuis peu de temps, et qui implorait peut-être ainsi le secours de ses prières. Dans cette pensée, il ne négligea rien pour hâter la fin de ses souffrances; mais un autre événement lui fit voir qu'il se trompait. Un soir, toujours vers une heure après le soleil couché, son beau-frère et lui étaient allés, à l'insu l'un de l'autre, chercher leurs bœufs dans les champs; et tous les deux, au retour, avaient à les faire passer auprès d'une même source coulant alors humblement sur le gazon, et devenue depuis la belle fontaine de Sainte-Anne. S'étant rencontrés, ils s'en approchaient ensemble, quand tout à coup les bœufs reculent épouvantés, sans qu'il soit possible de les faire avancer davantage. Que pouvait-il y avoir auprès de la fontaine? Ils s'avancent pour découvrir ce que leur cachait le feuillage. Quelle est leur surprise, de voir devant eux une Dame d'un aspect auguste, debout et tournée du côté de la source! Sa robe, d'une blancheur éblouissante, descendait jusqu'à terre; elle était environnée d'une clarté douce, et cependant vive, qui se répandait sur les objets voisins. A cette vue, leur premier mouvement avait été de prendre la fuite; ils ont bientôt rougi de cette timidité puérile et reviennent sur leurs pas; déjà tout s'était évanoui.

Le prodige ne tarda pas à se renouveler; il paraît même que, pendant les quinze mois qui suivirent, Nicolazic ne passait jamais trois semaines sans recevoir quelque apparition nouvelle.

Toutes les fois qu'il revenait de ses champs plus tard que de coutume, la nuit commençant à tomber, un cierge, soutenu par

un bras invisible, s'avançait à ses côtés,
pour éclairer sa route : quand le vent souf-
flait, la flamme n'en était jamais agitée.

Souvent la Sainte se montrait en personne :
tantôt auprès de la fontaine solitaire, tantôt
dans la maison ou dans la grange, à côté
des vieilles pierres travaillées que le père de
Nicolazic avait autrefois retirées des ruines
couvertes de la chapelle. Dans ces apparitions,
elle était toujours revêtue d'une robe d'é-
clatante blancheur ; sa main tenait toujours
un flambeau ; ses pieds étaient toujours portés sur un nuage, elle gardait le silence ;
mais son air majestueux était tempéré par
une douce bienveillance ; et la lumière qui
semblait la pénétrer en l'entourant, rappelait à l'esprit du bon laboureur celle qui
avait ravi les Apôtres au sommet du Thabor.

Deux fois en outre, durant l'époque dont
nous parlons, il lui arriva d'entendre de
délicieux accords qui semblaient s'élever du
fond des saintes ruines. Il en voyait en
même temps sortir une grande clarté qui
s'étendait jusqu'au village.

Ces grâces duraient peu ; mais elles se
renouvelaient trop souvent pour ne pas vivement frapper une âme aussi droite et aussi
ingénue que celle de Nicolazic. Sa dévo-

tion s'accrut sensiblement , et il lui devint impossible de penser sans émotion à la glorieuse sainte qui daignait se révéler à lui. Il ne laissait pas de redouter ces communications surnaturelles dont il ne pouvait encore soupçonner le motif , et où une juste défiance de ses lumières lui faisait redouter des illusions. Ceci l'engagea à s'en ouvrir à quelque personne éclairée et vertueuse qui pût lui servir de guide.

CHAPITRE III.

Les Pères Capucins d'Auray. — Révélations plus importantes.

Ce que nous venons de raconter se passait en 1623. Il n'y avait pas long-temps que les habitants d'Auray avaient appelé dans leur ville les religieux de saint François : on bâtissait alors leur couvent et leur église. Bien que nouveaux venus dans le pays, ils avaient été si avantageusement devancés par leur bonne réputation , et s'étaient fait tellement apprécier par leurs premiers travaux, qu'ils jouissaient déjà de la confiance générale. Ce fut à l'un d'eux , nommé le P. Modeste, que Nicolazic résolut de s'adresser.

Le P. Modeste était trop prudent pour ne pas suspendre d'abord son jugement au sujet d'événements si étranges. La conduite et la candeur du bon villageois le rassuraient sur la bonne foi de ses paroles ; il savait d'ailleurs que Dieu a ses voies cachées aussi bien que ses voies communes, et que de semblables merveilles ne sont pas si rares dans les annales de l'Eglise. D'un autre côté, il jugeait avec raison que ce qui sort de la règle ordinaire demande un mûr examen, et il lui semblait d'ailleurs que, si ces premières révélations étaient véritables, elles n'avaient pour but que d'en annoncer de plus grandes. Il se contenta donc de recommander à son pénitent de redoubler de fidélité à tous ses devoirs, de faire célébrer quelques messes, et d'aller demander à Dieu la connaissance de ses desseins dans l'église du Saint-Esprit et dans celle de Notre-Dame de Nazareth, dévote chapelle maintenant détruite, mais alors en grande vénération sur toutes les côtes. Nicolazic obéit et ses prières furent exaucées de la manière suivante.

Un soir, c'était le 25 juillet 1624, la veille de la fête de sainte Anne, il revenait d'Auray, où probablement il avait été se confesser pour la solennité du lendemain. Comme il s'avançait par un temps obscur en récitant son chapelet, arrivé près de la croix de pierre, appelée depuis la *Croix de Nicolazic*, il aperçoit la Sainte qui brillait dans l'obscurité, toujours portée sur son nuage et tenant en main son flambeau. Il continue sa route ; elle se déplace pour le suivre et le mystérieux flambeau l'éclaire jusqu'à sa maison où tout disparaît.

La durée de ce dernier prodige fit sur son esprit une impression profonde : plus que jamais désireux de connaître ce que Dieu demandait de lui, il se retire sans rien manger, et tout pensif, dans sa grange, bien moins pour y garder, pendant la nuit, le grain battu les jours précédents, que pour se livrer en liberté à ses réflexions. Étendu en un coin sur quelques bottes de paille, il continuait ses prières sans songer à goûter un sommeil alors impossible, quand tout à coup, c'était de onze heures à minuit, un bruit singulier lui fait prêter l'oreille ; il se relève un peu, il écoute... et il entend distinctement les pas d'une foule empressée, un murmure confus de voix nombreuses : c'est évidemment une multitude de personnes qui arrivent de toutes parts et s'agitent dans tous les sens. Surpris au-delà de ce qu'on peut dire, il se lève entièrement et court s'informer de ce que veut dire un tel rassemblement à une pareille heure. Chose plus étrange encore! il regarde, et ne découvre rien; il écoute, et n'entend plus rien. Il a beau s'avancer vers les prairies voisines, la campagne est solitaire, la nuit est calme; et, dans le profond silence, on distingue à peine un bruit léger, celui du vent qui remue le feuillage.

Il rentre alors, et reprend son rosaire avec plus de ferveur : nouveau prodige! La grange est subitement éclairée, et une voix lui demande s'il n'a jamais ouï dire qu'il y avait eu autrefois une chapelle dans le Bocenno. Avant qu'il pût répondre, apparaît toute resplendissante une Dame d'un aspect auguste et d'une aimable bonté, qui lui dit dans la langue du pays :

« Yves Nicolazic, ne crains pas, c'est moi qui suis Anne, la mère de Marie : va dire à ton Pasteur qu'au milieu du champ qu'on appelle le Bocenno, il y avait autrefois, avant même qu'il existât de village, une chapelle célèbre, la première qu'on ait élevée en Bretagne en mon honneur. Voilà aujourd'hui 924 ans et six mois qu'elle a été détruite, et je désire qu'elle soit rebâtie par tes soins ; Dieu veut que mon nom y soit vénéré encore. » Elle dit, et disparaît avec la lumière.

⁕⁕⁕⁕⁕⁕⁕⁕⁕⁕⁕⁕⁕⁕⁕⁕⁕⁕⁕⁕⁕⁕

CHAPITRE IV.

Première incertitude, premières difficultés de Nicolazic. — Sainte Anne le console.

La première impression de Nicolazic aux paroles de la Sainte avait moins été le sentiment de la surprise que celui de la joie. Elle venait de lui faire entendre une voix qu'il ne pourrait oublier de sa vie ; elle lui avait dit son nom, elle se montrait confiante en ses soins ; il était donc sûr d'être aidé. Douter du succès de l'entreprise lui eût paru un crime ; il se représentait plutôt avec ravissement les honneurs qu'allait recevoir sa Patronne, qu'il allait lui rendre lui-même. C'est au milieu des plus riantes images qu'il se laisse aller à un sommeil paisible.

Le réveil changea bien ses pensées. Quand il vint à réfléchir plus directement aux difficultés à vaincre, le découragement s'empara de son esprit. Il se demandait ce qu'allait penser de tout cela son Recteur et ce qu'on allait dire de lui dans le voisinage ; il se figurait l'étonnement des uns, les mauvaises plaisanteries des autres, le peu de croyance à attendre de la plupart : s'il ne passait pas pour un imposteur, il passerait au moins pour un visionnaire. D'ailleurs est-ce qu'un pauvre laboureur comme lui pourrait jamais recueillir assez d'argent pour la construction et le service d'une église ? Ces craintes l'emportèrent tellement sur toute autre considération qu'il laissa s'écouler six semaines avant de se sentir le courage de voir son Pasteur. Et cependant, toujours poursuivi par de saintes inspirations, il ne goûtait plus un moment de paix. Il fuyait ses amis pour n'être pas contraint d'avouer le sujet de son trouble ; mais il ne pouvait pas se fuir lui-même ni échapper à ses remords.

La Sainte eut pitié de sa faiblesse : lui apparaissant de nouveau, elle lui répéta d'une voix plus sévère qu'il devait s'ouvrir à son Recteur, et consulter d'autres gens de bien, et elle le menaça de son indignation s'il refusait d'obéir. Nicolazic effrayé se rendit le lendemain matin au presbytère, où, ayant demandé à être entendu en confession, il raconta avec simplicité à son Pasteur tout ce qui lui était arrivé depuis près de deux ans.

Dom Sylvestre Rodüez, Recteur de Pluneret, n'était rien moins qu'un esprit crédule. Au récit de tant de choses extraordinaires, il s'imagina avoir affaire à un cerveau dérangé; il s'égaya beaucoup relativement à la parole qui le concernait, et renvoya bien loin le pauvre Nicolazic, avec ce qu'il appelait ses extravagances.

L'abattement de celui-ci fut à son comble, et cependant il n'était qu'au premier pas des obstacles qui devaient servir dans les vues de la Providence à éprouver sa vertu et à constater sa mission.

Sa sainte Maîtresse, car c'était le nom qu'il avait pris l'habitude de donner à la Sainte, voulut bien le consoler dans sa peine. Elle lui apparut la nuit suivante; et, lui reprochant son peu de confiance, elle l'encouragea à se mettre au-dessus des jugements du monde et à supporter avec plus de fermeté les oppositions qui devaient, lui dit-elle, durer quelque temps encore.

Mais cette nouvelle faveur ne put le décider à recommencer ses démarches; une crainte à laquelle il ne pouvait se faire, était de passer pour un insensé dans l'esprit de tous ceux qui l'estimaient ; il eut voulu obéir, mais il hésitait toujours.

Ces tergiversations duraient depuis sept semaines, lorsque, dans une nouvelle apparition, la Sainte, se montrant pleine de compassion et d'indulgence, l'assura qu'il aurait sans tarder des preuves sensibles de sa protection. Cette bonté l'enhardit tellement qu'il s'écria, comme par un mouvement involontaire : « Mais, bon Dieu, ma bonne Maîtresse ! pourra-t-on jamais me croire quand je dirai qu'il y a eu autrefois une chapelle là où je n'en ai jamais vu, et où l'on n'en voit plus aucun reste ? Et puis, qui suis-je, moi, pour trouver quelqu'un qui veuille faire les frais de la nouvelle ? » — « Rassure-toi, répondit la Sainte, et fais ce que je demande. Tu auras suffisamment pour commencer, et je trouverai non-seulement ce qu'il faudra pour finir, mais pour faire encore bien d'autres choses, au grand étonnement de tout le monde. »

Ces dernières paroles restèrent imprimées dans son esprit avec un sentiment de confiance et de joie qu'il n'avait pas encore si vivement éprouvé.

CHAPITRE V.

Nouvelles difficultés, nouvelles consolations.

Plus que jamais encouragé par les promesses de sainte Anne, Nicolazic se résout enfin à retourner chez son Recteur, et s'y rend dès le lendemain matin. Dom Roduëz était chez lui, et veut bien prêter quelques instants l'oreille; mais au mot d'apparition son sang-froid l'abandonne, et il n'eût pas été prudent de lui en dire davantage. Nicolazic espère être plus heureux auprès du Curé (1) et se présente chez Dom Jean Thominec; mais là c'est pis encore. Cependant cette double humiliation ne lui ravit rien de la conviction intime où il était, que celle qui lui avait fait de si formelles promesses saurait bien trouver le secret de les remplir.

C'est qu'en effet ces promesses se confirmaient presque tous les jours par de nouveaux prodiges : tantôt c'était comme une pluie de brillantes étoiles, tantôt comme des faisceaux de flambeaux ardents qu'il voyait descendre sur le Bocenno. Souvent

(1) On donne en Bretagne le nom de curé au premier vicaire.

il lui arrivait de s'y trouver subitement
transporté de sa maison pour y entendre
des accords si ravissants qu'il se croyait
déjà au milieu des chœurs des Anges et qu'il
lui semblait savourer les délices des Cieux.

Un soir en particulier, c'était le premier
lundi de mars 1625, cinq jours avant la
découverte dont nous parlerons bientôt, la
nuit venait de tomber, il voit de loin le
Bocenno en feu et tout à coup se trouve
au milieu de cette lumière. Il entend de
nouveau les pas d'une foule qui semble arriver et se presser impatiente autour du lieu
saint, et en même temps commencent des
concerts d'une si merveilleuse douceur que
l'ivresse de la jouissance le ravit hors de
lui-même. De retour chez lui, il est fort
étonné de trouver tous ses domestiques cou-
chés et sa sœur fatiguée de l'attendre. Il
s'imaginait s'être arrêté tout au plus une
demi-heure, et c'était trois heures entières
qu'il venait de passer à jouir des consolations célestes. Ces consolations avaient été
si grandes que toutes les fois qu'il lui arrivait plus tard d'en parler, des larmes de
reconnaissance et de joie s'échappaient de
ses yeux.

Nicolazic n'était pas seul admis aux faveurs de la Sainte. A la même époque, trois habitants de Pluvigner, revenant du marché d'Auray vers neuf heures du soir, aperçurent dans le Bocenno une Dame pleine de majesté et environnée de lumière. Mais elle se montrait de préférence à son pieux serviteur; elle lui intima un nouvel ordre d'aller trouver son Pasteur, ajoutant que bientôt elle donnerait à tous des signes infaillibles qui ne permettraient plus de mettre en doute la vérité de ce qu'il avait vu et entendu. Le principal signe devait être une lumière qui lui ferait découvrir la sainte Image vénérée autrefois dans ces lieux.

CHAPITRE VI.

Autre épreuve de la part du Recteur. —
Rencontre de M. de Kermadio.

Des recommandations et des promesses aussi précises devaient décider l'esprit le plus timide. Nicolazic va donc trouver un de ses voisins, nommé Lézulit, ami digne de toute sa confiance, et le prie de l'accompagner chez son Recteur. Il se flattait que

le temps aurait diminué les préventions fâ-
cheuses, et qu'il serait plus favorablement
écouté : c'était se tromper étrangement.

Dom Sylvestre se montra cette fois aussi
affligé que surpris de trouver de pareilles
rêveries, c'est ainsi qu'il parlait, dans un
esprit jusqu'alors si sage. Il se mit à lui
remontrer le tort qu'il se faisait en se livrant
à des imaginations ridicules. Est-ce donc
que des révélations se feraient, disait-il,
à des ignorants comme lui. Est-ce que Dieu
ne choisirait pas de préférence quelque pieux
Ecclésiastique, ou tout au moins quelque
séculier saint et savant? S'enflammant toujours davantage, il finit par lui déclarer
que s'il ne renonçait au plus tôt à toutes
ses folies, il allait lui interdire l'usage des
Sacrements, l'entrée de l'église; et, en cas
de mort, la sépulture ecclésiastique. Nicolazic ne répondit rien et se retira consterné.

Dans sa tristesse, il revenait lentement
à Keranna, avec son ami, lorqu'ils rencontrent sur ses terres M. de Kermadio-
Lescouët. Ce seigneur était plein de religion
et de bonté ; il connaissait Nicolazic, et
faisait un cas particulier de son bon esprit et
de sa droiture. S'étant aperçu de l'altération
de ses traits, il voulut en savoir la cause ;

et, aux premiers détails qu'il en apprit, sans rien prononcer sur le fond, ce qui n'était pas de son ressort, il donna ses conseils à l'affligé avec tant de bienveillance et de sagesse, qu'il lui rendit quelque chose du calme qu'il avait perdu.

Aussi, quelques jours après, Nicolazic prit la liberté d'aller le trouver chez lui, accompagné d'un prêtre respectable, son voisin et son ami, appelé Dom Yves Richard. Il lui fit alors un récit plus circonstancié de toutes ses révélations, des violences qu'il s'était faites pour obéir, et de la confiance qu'il conservait malgré les obstacles. M. de Kermadio, approuva sa discrétion et sa docilité et l'encouragea pour l'avenir. N'osant toutefois qu'à demi donner son sentiment sur des matières si délicates, il lui conseilla d'aller consulter les PP. Capucins d'Auray, et surtout de prier Dieu pour obtenir ou des lumières s'il était dans l'erreur, ou des secours s'il ne se trompait pas. Il lui recommanda particulièrement de se procurer plusieurs témoins dignes de foi, s'il recevait les signes qui lui étaient promis.

CHAPITRE VII.

Gages donnés par sainte Anne. — Nouvelles épreuves.

Consolé par les bons conseils de M. de Kermadio, Nicolazic le fut bien davantage quelques jours après par deux faveurs remarquables. Sainte Anne lui apparaît de nouveau : elle veut cette fois qu'il mette immédiatement la main à l'œuvre pour bâtir sa chapelle, assurant que rien ne manquerait. « Mais vous-même, ma bonne Maîtresse, s'écrie-t-il avec cette confiante familiarité que semblaient provoquer tant d'avances, vous-même, faites donc alors quelque miracle qui fasse voir à mon Recteur et à tout le monde que vous voulez qu'on y travaille ! » — « Tranquillise-toi, reprit la Sainte, mets seulement ta confiance en Dieu et en moi : on verra bientôt une foule de miracles, et la seule affluence de peuple qui viendra m'honorer dans ce lieu ne sera pas le moins grand. » Après ces mots, elle disparut et le laissa inondé de joie.

Depuis ce moment, Nicolazic ne pensa plus qu'à la construction de la chapelle, décidé à engager, s'il le fallait, tout le peu de bien qu'il pouvait avoir; mais sainte Anne ne voulait de ses offres que la bonne volonté qu'elles témoignaient : il en eut bientôt la preuve dans les arrhes miraculeuses qu'elle lui donna de l'exécution de ses promesses. Voici comment la chose arriva.

Le vendredi suivant, sept de mars, fête de saint Thomas d'Aquin, il aperçut, en se réveillant, la main accoutumée, tenant un flambeau sur sa table. La vision fut d'un instant ; mais sa femme, Guillemette Le Roux, s'étant levée aussitôt pour s'approcher de l'endroit, se trouva bien surprise d'y voir de l'argent. Il y avait environ 12 francs ou, comme on parlait alors, 12 quarts d'écus. Quelques-unes des pièces portaient le millésime de 1623, d'autres des dates plus anciennes, et plusieurs sont restées inconnues.

D'où peut donc venir cet argent? Quelqu'un l'aurait-il placé là? Telle fut la première pensée de Nicolazic et de son épouse; mais ils avaient beau réfléchir, rien n'expliquait le mystère. Ils ne voyaient personne parmi les voisins qui fût d'humeur à donner si gratuitement cette somme : d'ailleurs les portes étaient soigneusement fermées, ajoutez la vue du flambeau. Nul doute que ce ne fut un don de sa bonne maîtresse et des gages de la vérité de ses paroles. Cependant, comme s'ils eussent craint encore quelque illusion, avant d'y toucher, on appelle Lézulit, qui voit aussi dans l'événement un témoignage des volontés du Ciel. Ainsi donc, -après avoir remercié ensemble la sainte patronne, les deux amis enveloppent l'argent dans un mouchoir et prennent avec confiance le chemin du presbytère.

Dom Rodüez était absent, mais ils trouvent le curé Dom Thominec qui leur offre de les accompagner, avec un de ses confrères, chez les Capucins d'Auray. En passant par la ville, on ne put se dispenser de s'arrêter un moment chez M. Cadio de Kerloguen, propriétaire du Bocenno, qui n'avait pas sans doute attendu jusqu'alors à s'informer de ce qui se passait. Les paroles pleines de bienveillance qu'il adressa à son bon fermier firent oublier à celui-ci les réflexions pénibles qu'il avait fallu entendre pendant la route. M. de Kerloguen voulut examiner de près les pièces d'argent, et il en retint deux, s'engageant à donner, si la chapelle se bâtissait, tout l'emplacement nécessaire. C'est ainsi que la

Providence consolait le timide Nicolazic au milieu des épreuves de sa mission ; mais il s'en fallait bien qu'il fût sur le point d'en voir le terme.

Les PP. Capucins, lors de cette seconde visite, auraient-ils été prévenus défavorablement sur son compte, on ne saurait le dire ; ce qu'il y a de certain, c'est qu'en les abordant, il put s'apercevoir qu'on ne s'apprêtait pas à souscrire à toutes ses paroles. La communauté s'étant réunie pour l'interroger, on l'accabla de questions pendant deux heures entières et avec une telle rapidité que, s'étant épuisé à répondre, il se trouva bientôt hors d'état de continuer. On lui fit grâce alors pour résumer les opinions; et, après avoir discuté le pour et le contre, on convint, à l'unanimité que, bien qu'il y eût dans les déclarations précédentes des choses plausibles, le plus sage était de juger le projet en lui-même. Or on ne voyait déjà que trop de chapelles dans les campagnes, puisque la plupart languissaient délabrées. Il en serait bientôt ainsi de la nouvelle. Il valait donc mieux se contenter d'honorer la Sainte aux autels déjà dédiés sous son invocation.

Cette décision sévère fit d'autant plus de

peine à Nicolazic qu'il avait plus compté
sur l'appui des PP. Capucins. En retour-
nant à Keranna, il ne put se défendre de
laisser couler quelques larmes; néanmoins
sa confiance ne fut pas ébranlée. Sûr, après
tout, de sa bonne maîtresse, il dit à Lézulit,
en le quittant, que le jour de la découverte
approchait, et qu'au premier signe, il irait
l'appeler pour le rendre témoin du prodige.

CHAPITRE VIII.

Découverte de la Statue.

Le moment si désiré était proche. Le
lendemain au soir Nicolazic venait de se
mettre au lit et d'éteindre sa lumière; ses
domestiques veillaient encore et s'entretenaient dans la chambre voisine, quand tout
à coup le mystérieux flambeau reparaît en
jetant un grand éclat. Sainte Anne se montre
aussitôt, et d'une voix plus douce, plus
engageante encore qu'à l'ordinaire, elle
avertit Nicolazic de se lever et de se rendre au
Bocenno, à l'endroit que lui indiquerait la
lumière: lui promettant qu'il y trouverait la

Statue promise, dont la découverte serait une preuve palpable de la vérité de ses révélations.

La Sainte disparaît; mais le flambeau reste, et l'on peut concevoir avec quelle hâte et quelle joie Nicolazic se lève. Au moment où il se dirige du côté de la porte, le flambeau le devance. Il suivait depuis quelque temps ce guide mystérieux, lorsqu'il se souvient des témoins qu'il devait prendre. Il court chez eux. Son beau-frère Le Roux veillait encore; les autres, Julien Lézulit, autrement dit Alanigo, Jean Tanguy et Jacques Lucas, sont bientôt prêts. François Le Bloënec se réunit un peu plus tard à eux, soit qu'un des derniers l'eût averti, soit que le bruit de leur marche eût piqué sa curiosité.

Arrivé près de la grange, Nicolazic pousse un cri de joie en retrouvant le flambeau qui s'était arrêté pendant son absence. Le Roux et ses compagnons l'aperçoivent également, à mesure qu'ils sortent du chemin couvert, à l'exception toutefois de deux d'entr'eux qui, au grand étonnement des autres, restèrent jusqu'à la fin privés de cette faveur. L'un et l'autre, sans être scandaleux dans leur conduite, avaient des reproches graves à se faire devant Dieu, et

ne s'étaient pas même approchés du tribunal de la Pénitence à la Pâque précédente.
De vifs remords les forcèrent de convenir
dès lors que cette privation pouvait être
un châtiment du mauvais état de leur conscience. Le pécheur obstiné a-t-il droit de
s'attendre aux faveurs spirituelles des amis
de Dieu?

Cependant le flambeau qui les guidait
s'avançait à trente pas environ au-devant
d'eux, élevé à trois pieds de terre. Sa flamme
immobile divergeait en gerbe rayonnante et
éclairait un grand espace. Parvenu au-dessus
de l'emplacement de la chapelle, il s'arrête;
puis, s'élevant et s'abaissant par trois fois,
il semble s'efouir dans la terre.

Les quatre témoins privilégiés fixaient
d'un regard immobile l'endroit si bien dé-
signé. Une fraîche verdure le couvrait
aussi bien que le reste du champ. Nicolazic l'indique de la main à son beau-frère,
et le Roux se met à creuser avec sa tran-
che. Au bout de quelques moments, il annonce qu'il vient de rencontrer du bois !
Nul doute que ce ne soit la statue,
objet de tous les vœux. Saisis d'un religieux respect, ils veulent, avant de continuer la fouille, allumer, en signe d'hon-

neur, un cierge bénit. Cela fait, ils retirent avec soin la sainte image. Elle était tellement couverte de terre et rongée de vétusté, qu'il était difficile d'y reconnaître une forme, On la dépose sur le gazon de la haie voisine, et chacun retourne au village en bénissant Dieu, pour prendre quelque repos pendant le reste de la nuit.

L'aurore du lendemain les retrouva tous dans le champ avec la plupart des voisins, également curieux de voir et d'examiner l'image miraculeuse. Elle portait encore quelques vieilles traces de couleur, et laissait paraître des traits défigurés qui pouvaient aider à faire reconnaître une antique statue de sainte Anne. Ce fut alors que, prosternés autour d'elle, tous ensemble, et les premiers depuis tant de siècles d'oubli, ils invoquèrent, avec une confiance sans bornes, la glorieuse Sainte qui semblait se donner à eux avec son image.

Ici quelque esprit difficile demandera peut-être comment le Ciel a pu mettre tant d'importance à la découverte d'une statue grossièrement travaillée, et ce que cette Image pouvait avoir de si précieux aux yeux de Dieu et des hommes.

Nous répondrons que Dieu, maître absolu

DÉCOUVERTE DE LA STATUE

de ses dons, peut les attacher aux signes aussi bien qu'aux contrées qu'il lui plaît de choisir. Les images des Saints ne sont, à la vérité, que des ouvrages de la main des hommes ; mais elles reçoivent de leur destination un caractère sacré que Dieu lui-même imprime, que la foi vénère et que la saine raison respecte. Il convient d'honorer en elles les élus qu'elles représentent, comme on honore dans les élus le Dieu qu'ils imitent. Ce caractère de sainteté devient encore plus vénérable pour le catholique quand l'antiquité le consacre. L'antiquité dans les monuments de la foi lui rappelle que la religion n'est pas comme ces vaines opinions humaines que chaque siècle voit naître et mourir, mais qu'elle remonte jusqu'au Dieu qui l'a fondée, toujours la même au milieu des ruines qui s'amoncellent à ses pieds. Voilà pourquoi les images le plus en honneur dans le monde chrétien sont moins celles ou respire le génie des arts que celles qui portent l'empreinte d'une plus haute antiquité. Encore une fois, c'est que le catholique, loin de rougir de de ses pères et de répudier leur héritage, s'applaudit plutôt d'être leur enfant et de partager leur foi et leurs espérances. Les monuments de leur piété sont donc pour lui des monuments de famille qui lui font éprouver une sorte d'amour filial. Le catholique n'est pas l'homme du jour, mais l'homme des siècles. Est-ce que le passé qu'il retrouve dans le présent ne lui garantit pas l'avenir ? En Jésus-Christ il était hier, il est aujourd'hui et il sera toujours !

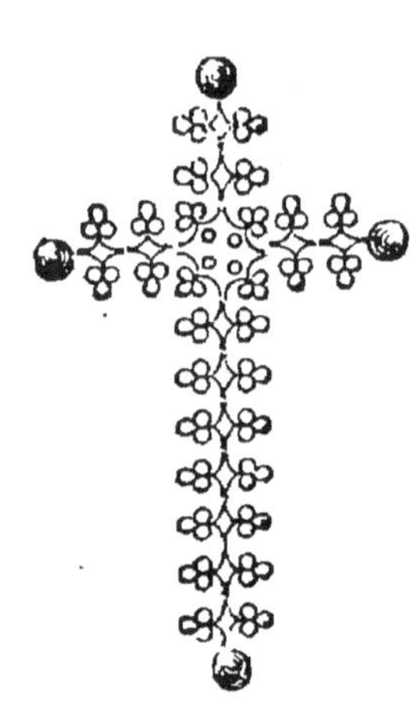

LE PÉLERINAGE

DE

SAINTE-ANNE D'AURAY.

SECONDE PARTIE.

Fondation de la Chapelle.

> Elle sera grande la gloire de cette maison nouvelle, plus grande que celle de la première ; et en ce lieu je donner a la paix, dit le Seigneur des armées.
> AGGÉE, II. 10.

Nous avons vu, dans la première partie, par quelle suite de prodigieux événements le pieux Nicolazic avait été préparé à la découverte de la statue de sa patronne. Mais, de cette statue défigurée et couchée sur l'herbe, il y avait loin sans doute au brillant autel où on la voit aujourd'hui et aux vastes édifices qui l'entourent. Aussi, quand le bon laboureur annonçait à ses amis du village que bientôt son champ se transformerait en une belle église qu'une nombreuse communauté viendrait desservir, et les prairies voisines en un bourg fréquenté par toute la Bretagne, il ne leur fallait rien moins que toute la connaissance qu'ils avaient de la solidité de son jugement et de sa parfaite sincérité, pour ne pas se rire de ses paroles. Cependant la Sainte avait parlé : elle avait promis que les fonds, loin de manquer, iraient bien au-delà du nécessaire ; la promesse devait s'accomplir, et nous allons voir par quel nouvel enchaînement d'épreuves et de faveurs.

CHAPITRE PREMIER.

Encore des contradictions. — Événements étranges.

Tandis que les habitants de Keranna s'approchaient les uns après les autres de la sainte image pour l'examiner de près et faire entr'eux leurs réflexions sur ce qui se passait, Nicolazic, accompagné de son beau-frère, se rendait pour la quatrième fois chez le Recteur de Pluneret, se flattant toujours de le trouver enfin plus traitable ; mais le moment n'était pas encore venu. Il eut beau montrer les pièces d'argent, essayer de raconter la découverte de la statue, Dom Roduëz, qui avait pris son parti, ne voulut rien entendre. Au lieu de l'écouter, il s'indigna vivement de ce qu'on revenait encore à la charge contre ce qu'il avait décidé ; et bientôt, ne se sentant plus la force de mesurer les expressions, il fallait, dit-il à Nicolazic, ou qu'il fût bien impie, s'il avait supposé toutes ces prétendues visions pour se donner du crédit, ou qu'il fût bien abusé, s'il voyait de si grands mystères dans quelques pièces d'argent et dans un morceau de bois vermoulu. Dom Thominec ne fut pas moins positif et déclara qu'il n'y avait, selon lui, que des sots ou des fous qui pussent croire de pareilles impostures. Le bon laboureur dut se retirer avec ce double arrêt ; et cependant il avait la conscience de sa sincérité et ne comprenait pas qu'on pût regarder comme une illusion des événements tant de fois répétés et des prédictions suivies de leur effet.

3 *

Pour se remettre de son émotion, il se rend du même pas chez M. de Kerloguen. Celui-ci fait appeler deux Capucins de ses amis et les questions, cette fois, s'épuisent encore; mais la décision, pour être plus polie, n'en fut pas plus favorable. On conclut qu'il était de la gloire de Dieu qu'on n'élevât plus de nouvelles chapelles.

Une nouvelle épreuve, encore plus propre que les précédentes à faire sur les esprits une impression défavorable, attendait chez lui Nicolazic. S'étant levé de bonne heure le lendemain matin pour aller revoir la sainte image du Bocenno, avant de se rendre à l'office de paroisse, c'était le quatrième dimanche de carême, il s'entretenait en marchant avec un vieillard, son voisin, nommé Jacques le Pélicard, et tous deux ils remarquaient la foule qui se rendait au champ comme eux, les uns avec une piété sincère, plusieurs en se riant des prétendus prodiges, ou en blâmant avec aigreur ce qui se passait : tout à coup un cri d'alarme se fait entendre de loin; il semble à Nicolazic qu'on l'appelle de sa maison. Il accourt, sa grange était en feu. On prodigue les secours, mais en vain : le toit de paille fut en un moment réduit en cendres et les pierres elles-mêmes furent calcinées. Seulement la surprise fut grande quand on remarqua que deux grands gerbiers de seigle placés tout auprès n'avaient pas même été noircis, bien que le vent portât la flamme de leur côté ; et plus encore que les objets renfermés dans la grange n'avaient pas souffert le moindre dommage.

Le bruit de l'événement fut bientôt répandu, et les esprits prévenus ne manquèrent pas de s'en prévaloir. Ce fut pis encore quand on vint à savoir comment le feu avait pris, ce que les gens de la maison ne pouvaient comprendre. Plusieurs personnes assurèrent avoir vu en passant un trait de feu tomber d'en haut sur Keranna, par un temps serein, un ciel sans nuages et sans qu'aucun bruit de tonnerre se fût fait entendre. N'était-ce pas une marque évidente de la colère divine ? Le feu, se disait-on, le feu du Ciel ! tombé justement sur cette grange où il prétendait avoir vu sainte Anne ! La leçon était-elle assez claire ? Et s'il l'a méprisait, ne devait-il pas s'attendre à des châtiments encore plus sévères ?

Ces réflexions, et d'autres semblables, volaient de bouche en bouche, et Nicolazic dut se résoudre à se les entendre répéter sous toutes les formes. Cependant ses voisins et lui, mieux au fait des choses, ne pouvaient s'empêcher d'en faire de différentes. Car enfin, si Dieu avait agi dans sa colère, aurait-il conservé les grains par un prodige et frappé seulement l'édifice ? Son dessein n'avait-il pas été plutôt de condamner l'emploi profane des pierres de l'ancienne chapelle ? Leur conviction se confirma le soir du mardi suivant, par la nouvelle apparition d'une brillante lumière sur un large espace autour des ruines. Elle était accompagnée du bruit des pas et des voix d'un grand concours de peuple.

C'était un présage frappant de ce qui arriva le lendemain ; car, à la même heure et au même endroit, l'on entendit de nouveau ce bruit confus ; seulement il n'était plus fantastique. Une foule presque innombrable arrivait de toutes parts, et même de pays si éloignés, que l'on ne pouvait concevoir comment la nouvelle de la découverte avait été sitôt répandue ; tous se pressaient autour de l'image sainte pour y faire leur prière à genoux, et la plupart ne se retiraient pas sans avoir jeté quelque aumône sur le gazon. Un ami de Nicolazic, Jean Le Bloënec, crut alors à propos d'apporter un escabeau proprement couvert, et d'y placer un vase d'étain pour recevoir plus décemment les offrandes des étrangers.

La matinée s'avançait; et, tandis que la piété des fidèles allait en croissant, un nouveau contre-temps se préparait pour le bon Nicolazic.

Quand Dom Rodüez vint à savoir ce qui se passait, son indignation fut au comble. Il fait appeler son Curé et lui donne ordre d'aller au plus tôt comprimer cet élan superstitieux. Dom Thominec n'avait aucune violence à se faire pour obéir. Arrivé au Bocenno, il va droit à l'image, fait voler du pied l'escabeau et les offrandes, en s'emportant contre Nicolazic; puis, s'adressant à la multitude, il lui reproche amèrement de venir écouter les rêveries d'un idiot au lieu d'aller travailler à leurs champs, ce qui vaudrait bien mieux. Il finit en menaçant du refus d'absolution, même à Pâques, ceux qui ne tiendraient pas compte de la défense. Tout le monde, surpris et attristé, se retira lentement, à l'exception des étrangers que ces menaces touchaient peu, et qui continuèrent d'accourir toujours plus nombreux. Pour Nicolazic, sa soumission fut aussi parfaite qu'elle devait l'être. Seulement il prit soin de recueillir le soir les aumônes jetées à terre, pour s'en servir au jour qu'il ne cessait pas d'attendre, et qui en effet n'était plus éloigné.

CHAPITRE II.

M.gr de Vannes. — Enquêtes juridiques.

Au moment où tout ceci se passait, venait de monter sur le siége épiscopal de Vannes un des plus illustres prélats qui l'aient jamais occupé.

Il y avait quelque temps que l'ancien Évêque Messire Martin de Belle-Assise, désireux de consacrer au soin exclusif de son salut les restes d'une carrière dont il pressentait le terme, avait obtenu du Souverain Pontife, Urbain VIII, de permuter avec l'abbé de Paimpont, Sébastien du Plessis de Rosmadec. Bien que celui-ci ne fût sacré que depuis un mois, déjà son zèle l'avait initié à toutes les affaires de son vaste diocèse. Le bruit des apparitions de sainte Anne, de l'incendie miraculeux et de l'affluence des peuples à Keranna, lui parut mériter le plus sérieux examen. Il voulut commencer des informations juridiques, et nomma à

cet effet Dom Jacques Bullion, bachelier
de Sorbonne, Recteur de Moréac, et depuis
Promoteur du diocèse.

Le commissaire de l'Evêque arriva à Pluneret le lendemain de la triste scène du
Bocenno. Tous les prêtres de la paroisse
sont convoqués chez le Recteur. Nicolazic
est appelé et sommé de s'expliquer sur tout
avec le plus grand détail. On dresse un
procès-verbal de toutes ses dépositions, et
le commissaire se hâte de retourner auprès
du Prélat, désireux de l'entendre. Ce qui
frappa surtout M.gr de Rosmadec, fut, d'un
côté, la modestie et la simplicité du villageois, et, de l'autre, l'inutile opiniâtreté
des oppositions du Recteur. Il voulut voir
par lui-même celui qui racontait des choses
si extraordinaires, et recommanda de le lui
envoyer au château de Kerguehenec. Le
propriétaire, M. de Kermeno du Garo, son
beau-frère, était un ancien Conseiller au
Parlement, dont les connaissances judiciaires
pouvaient lui être d'un grand secours.

Nicolazic crut entrevoir enfin le terme
de ses espérances. Il se présenta avec sa
simplicité accoutumée, et répondit, sans se
troubler, à toutes les questions du Prélat et
du Conseiller. M. du Garo eut beau épuiser

les secrets de l'art pour le faire tomber dans quelque contradiction, il fallut convenir que l'air de bonne foi qui perçait dans toutes ses paroles, n'était pas de ceux qu'emprunte l'imposture.

Nicolazic se retira ravi de l'accueil affable du Prélat et des témoignages d'intérêt de sa sœur, Dame d'une grande piété, qui a beaucoup contribué depuis à l'établissement des Carmes. Il avait reçu l'ordre, en partant, de se rendre dans quelques jours à Vannes, accompagné de son Recteur; mais le Recteur, qui craignait peut-être quelque reproche, ayant trouvé une défaite, il se fit accompagner de son frère Pierre, qui pouvait au besoin lui servir d'interprète pour le français. Il trouva auprès de son Evêque le P. Charles-Borromée de Lamballe, Gardien des Capucins de Vannes, qui commença aussitôt un nouvel interrogatoire. Les efforts du Théologien ne servirent qu'à faire ressortir la candeur du bon laboureur et l'éclat de la vérité.

Cependant, pour ne rien négliger de ce que pouvait conseiller la plus minutieuse prudence, M.gr de Vannes voulut que Nicolazic fût passer quelques jours au couvent des Capucins de Calmont-haut, pour subir des examens plus suivis. Là, on le questionne, on l'étudie, on le fait approcher des Sacrements, puis on l'ajourne à une quinzaine pour réfléchir plus mûrement encore et appeler, par la prière, les lumières du Saint-Esprit.

Dans cet intervalle, le Gardien en conféra souvent avec les PP. Gilles de Monay, maître des novices, Ambroise de Brest, Célestin de Marsillé et Césarée de Roscoff; et le dernier résultat de leurs délibérations fut enfin que les événements portaient toutes les marques d'une œuvre divine. D'un côté, rien dans le but ou dans les circonstances qui fût contraire à l'esprit de l'Eglise; de l'autre, un homme attaché toute sa vie à la pratique de ses devoirs, simple dans ses mœurs, et d'une ingénuité qui brillait davantage au milieu des difficultés que les questions précipitées faisaient naître. D'ailleurs, nul motif d'intérêt personnel, puisqu'il offrait son propre bien. Enfin ces lumières, cet éclat de foudre, vus de plusieurs personnes; ces prédictions accomplies et cette affluence de peuple, toujours croissante, malgré ce qu'on avait fait pour l'empêcher, tout les convainquait que le doigt de Dieu était là.

Les quinze jours expirés, Nicolazic revint trouver les bons Pères, et ceux-ci voulurent encore renouveler les examens, pour en recueillir un surcroît de conviction. Non contents de cela, deux d'entre eux le prirent à part et le conduisirent à une chapelle de la sainte Vierge, dite de Bethléem, sur la route de Sainte-Anne, oratoire fondé du temps des croisades par un de ces nombreux chevaliers captifs qui durent leur salut à Marie, et depuis lors en grande vénération dans la contrée. Les dépositions du bon laboureur, confirmées déjà par tant de serments, furent les mêmes aux pieds des autels de la Mère de Dieu; et la candeur, l'air de bonne foi qui les accompagnaient toujours, auraient frappé d'évidence l'esprit le moins crédule.

Enfin les PP. Charles et Ambroise furent rendre compte à l'Evêque de leur commission; leur avis était qu'on ne différât plus de se rendre aux signes trop évidents des volontés du Ciel. Et pourtant le Prélat ne voulut pas se prononcer encore : il donna l'ordre aux PP. Ambroise et Gilles de se rendre sur les lieux pour lui faire un nouveau rapport de ce qui s'y passait.

CHAPITRE III.

Oratoire de feuillage. — Punitions éclatantes.

Pendant que ces instructions judiciaires se poursuivaient à Vannes, le concours des pèlerins augmentait chaque jour à Keranna. Les visites des Capucins de Vannes, secondés par ceux d'Auray, ajoutaient à l'élan de la piété publique : cet élan était tel que ni la distance des lieux, ni l'urgence du travail de la saison, ni la rigueur des temps ne pouvaient l'arrêter. Sous la pluie la plus abondante, les pèlerins, toujours prosternés, ne songeaient pas même à se mettre à l'abri ; de sorte que la vue de leur ferveur et des larmes qui inondaient leurs joues, fit dire un jour au P. Gilles qu'il avait assisté à bien des prédications dans sa vie, mais que rien ne l'avait jamais autant touché que le spectacle qui l'entourait.

Mais il ne convenait pas que la sainte image restât plus long-temps exposée à l'inclémence de l'air. Le jour de l'Exaltation de la sainte Croix, le P. Ambroise proposa d'élever une cabane de feuillage, en attendant la permission de bâtir la chapelle. Sa pensée est accueillie avec joie, et l'on se met aussitôt à l'œuvre. A l'aide de longues perches fichées en terre et fortement liées entre elles, on élève une large charpente cintrée qu'on entrelace de branches de genêt. L'on eut de la sorte en peu d'heures des murs et une voûte de verdure presque imperméables. Nicolazic court chercher dans sa maison un de ces larges coffres en usage à la campagne, le couvre d'un linge blanc et en fait un autel. L'on y dépose la statue, enveloppée d'un voile.

Tandis que, sous cet oratoire champêtre, la piété des bons villageois s'épanchait aux pieds de la Sainte, il se trouvait encore, çà et là des esprits frondeurs et opiniâtres qu'irritaient ces édifiantes nouveautés ; mais quelques accidents qui firent bruit coupèrent court à tous les murmures.

On a vu avec quelle rigueur le Recteur et son Curé avaient traité Nicolazic et ses révélations. Ce n'est pas sans doute qu'il ne fût prudent de leur part de s'assurer de la vérité par toutes les voies, avant de l'étayer de leur autorité ; mais ils étaient inexcusables de la repousser sans plus de ménagement

que d'examen, et au mépris des signes les
plus respectables : le Ciel s'en montra offensé.

Dom Thominec fut frappé le premier.
Deux jours après l'éclat fait au Bocenno,
il ressentit une douleur extraordinaire à la
jointure du bras qui avait exprimé aux
pèlerins ses imprudentes menaces. Aucune
autre cause connue ne pouvait expliquer le
mal ; aucun remède ne pouvait l'adoucir.
Le coupable reconnut sa faute ; mais le
châtiment ne finit que trois ans après et
ce fut avec sa vie.

Le second exemple eut lieu trois semaines
après dans la personne du Recteur. Il se
sentit, une nuit, attaqué de douleurs si vives
que, ne sachant plus où il en était, il se
mit à crier au secours. On accourt, on
cherche et c'est en vain. La main qui l'avait
frappé n'était pas celle d'un homme. Les bras
du Recteur étaient restés frappés de paralysie, sans qu'il cessât de déclamer contre
l'innocent laboureur. Enfin un ami l'ayant
fait convenir de ses torts, lui insinua que
son mal pouvait être un châtiment, et lui
persuada de recourir à celle qu'il avait offen-
sée. Toute réflexion faite, dom Roduëz prend
son parti. Il attend l'heure où la nuit soit obscure et la campagne déserte, se dérobant alors

à la vue des siens, il se glisse par les chemins les plus étroits et se rend à une grande
demi-lieue jusqu'à l'oratoire de genêt. Neuf
jours de suite vous l'auriez rencontré dans
l'ombre, accomplissant furtivement son pélerinage. La dernière nuit, il descend à la
fontaine et s'y lave les mains et les bras.
Au même instant une révolution s'opère.
Il a senti la vie rentrer dans ses membres,
et sa guérison est parfaite. Plus de respect
humain dès lors. Dans sa vive reconnaissance, il tient à se montrer au grand jour
aux pieds de sa bienfaitrice. Dès le lendemain matin, il fait devant la foule accourue
une sorte de réparation d'honneur à Nicolazic; il exprime le vœu de célébrer la première messe qui se dira sur les lieux et
promet de renoncer jusqu'à la fin des constructions à la part des aumônes qui devait
lui revenir. Il fit plus, la femme de Nicolazic
étant devenue enceinte peu de temps après,
au bout de quinze années de stérilité, il
voulut tenir l'enfant sur les fonts du Baptême,
en signe d'une réconciliation parfaite.

Nous pourrions citer encore la maladie
et la guérison subite d'un laboureur nommé
Ardeven, qui ne croirait jamais, disait-il,
à moins qu'il ne vît un miracle de ses

ropres yeux ; ou bien encore le châtiment
'un boulanger avare, qui avait outré le
rix du pain en spéculant sur l'affluence du
euple, et le soir ne trouva aucun fruit
e ses injustes profits. Mais rien ne fut
lus frappant que le trait qu'on va lire.

Un jour qu'une troupe de pèlerins tra-
ersait dévotement la lande, elle se voit
ccostée par un gentilhomme à cheval, ap-
elé M. de Coüat-Menez, alors alloué de
Pluvigner, et depuis sénéchal du siége royal
le Baud. Ce gentilhomme, surpris de leur
nombre et choqué de leur dessein, se met à
eur reprocher leur folie d'abandonner leurs
travaux, au moment de la moisson, pour
courir, comme des vagabonds, après les
rêveries d'un imbécille. Il parlait encore :
tout à coup, bien que le Ciel fût sans nuages,
l'air doux et calme, un éclair part, le tonnerre éclate sur sa tête avec un bruit ef-
froyable, un trait de feu tombe à ses pieds,
son cheval se cabre et le jette épouvanté
au milieu du chemin. Cependant ni la chute
ni la foudre ne l'avaient blessé. Il se fut
bientôt remis de la commotion, et s'apprêtait à recommencer ses invectives pour éloigner de son propre esprit, et de celui des
autres, la pensée d'un châtiment céleste,

quand aussitôt, nouveau prodige! le Ciel s'arme encore; un nouveau coup de foudre part, le trait de feu tombe à ses pieds, et le cheval effrayé le jette une seconde fois à terre. Il fallut bien ouvrir les yeux sur sa témérité. Pénétré de confusion, de repentir et de reconnaissance, il veut accompagner, à pied, ceux qui venaient d'être l'objet de ses dérisions amères, et faire son amende honorable devant l'image qu'il avait eu l'audace de mépriser. La tendresse de piété qu'il éprouva auprès d'elle lui laissa un souvenir plein de douceur, qu'il aima à se rappeler toute sa vie.

CHAPITRE IV.

Décret de fondation. — Pose de la première pierre.

Il y avait près d'un mois que la sainte Image reposait au milieu des champs, sous son humble toit de genêt; l'affluence des pèlerins augmentait toujours, les offrandes grossissaient à proportion, et l'on ne parlait plus que des grâces miraculeuses qui récompensaient avec profusion la foi des pélerins du Bocenno. Aussi le vœu public demandait deux choses avec instance : d'abord qu'on jetât sans plus tarder les fondements de la chapelle; et ensuite, qu'on pût entendre là le saint Sacrifice au jour de la fête qui s'approchait.

M.gr de Rosmadec, informé par les PP. Capucins, n'était pas éloigné d'accéder aux désirs du pays; mais il voulait, avant tout, pour faire toujours la part de la prudence, premièrement, qu'une fondation assurât l'entretien du nouveau sanctuaire; secondement, que la décence des lieux fût en rapport avec la dignité des saints mystères.

La générosité de M. Cadio de Kerloguen pourvut sans retard à la première condition. Sur l'invitation des Capucins d'Auray, il s'engagea à fournir une rente de quinze livres pour la fondation d'une messe par semaine, en cas que les aumônes ne pussent pas fournir seules un fonds suffisant.

Sur ces entrefaites, le Prélat vint faire sa visite à Auray, et fit appeler Nicolazic pour qu'il rendît compte des offrandes déjà reçues. Son étonnement ne fut pas médiocre, quand il apprit qu'elles montaient à dix-huit cents écus. Il nomma des commissaires pour lui en faire un rapport authentique : ce furent les Recteurs de Pluneret et de Plumergat, Dom Le Breton, son secrétaire, Dom Yves Richard, habitant de Keranna, et M. de Kervilio, gentilhomme du voisinage.

A leur retour, le décret fut dressé. Il portait que la première pierre de la chapelle serait posée le jour de Sainte-Anne, 25 Juillet ; on était alors au commencement du mois. En attendant, on devait élever un nouvel oratoire en charpente légère et en planches, pour obtenir d'y célébrer la sainte messe le même jour.

A partir de ce moment, tout fut en mouvement dans le pays : les uns charroyaient des matériaux pour l'église future ; les autres travaillaient à la chapelle provisoire. Deux Capucins se chargèrent de faire retoucher et repeindre la statue défigurée : des fragments, recueillis avec soin, servirent dès lors d'instrument à des guérisons frappantes.

A mesure que le grand jour approchait, l'activité du travail témoignait davantage de la ferveur publique. Plusieurs habitants d'Auray s'empressèrent d'offrir du linge, des tableaux, des vases et des fleurs pour orner le nouvel oratoire. Dès la veille, le concours des pèlerins fut innombrable. Des paroisses entières s'y trouvèrent comme transportées, en particulier celle de Riantec, venue en procession de plus de six lieues. Neuf Capucins de Vannes, ou d'Auray, y étaient arrivés les premiers, et Nicolazic s'était fait une grande joie de recevoir dans sa demeure ces vénérables hôtes. Il y eut le soir un sermon breton, du P. Ambroise, suivi du chant solennel des litanies de sainte Anne, qui servirent de premières vêpres. Le reste de la soirée fut consacré aux confessions.

On a calculé que la multitude réunie au Bocenno pour passer la nuit pouvait monter à trente mille âmes. Chacun bivouaqua de son mieux dans le champ et sur la lande, avec un ordre et un recueillement qu'on ne pouvait assez admirer. Le Père Ambroise nous apprend, dans ses mémoires, qu'il ne se lassait pas de contempler ces groupes silencieux, dispersés au loin dans la vaste plaine. La lande inculte lui rappelait le désert fameux dans l'écriture ; et les groupes de villageois, les tribus d'Israël réunies autour de l'Arche sainte, objet de leur vénération et gage de leurs espérances.

Enfin le lever du soleil annonce le jour de la fête. De tous les lieux voisins, une nouvelle multitude se dirige vers Keranna.

La ville d'Auray surtout, que sa piété a toujours distinguée, s'y transporte presque tout entière dans la matinée, la croix et le clergé en tête, bannières et drapeaux déployés.

Cependant, au milieu de l'effusion de la joie générale, un fâcheux contre-temps attriste un moment la pieuse multitude. On attendait l'Evêque : il fait annoncer qu'il ne pourra pas venir. On espérait au moins recevoir sa permission pour célébrer la sainte messe : la permission ne vient pas non plus. L'official, M. Gentil, arrive pour remplacer le Prélat, et la permission ne vient pas encore. Il ne restait plus qu'un parti à prendre, et le zèle l'eut bientôt inspiré au P. Césarée : c'était de voler à Kerango, auprès du Prélat, pour plaider, en témoin oculaire, la cause du public. Sa démarche fut couronnée d'un plein succès ; et, grâce à la vitesse de son cheval, il put apporter, vers onze heures l'autorisation de célébrer. Dom Rodüez monte donc à l'autel pour accomplir son vœu, et l'on ne saurait dire ce qu'ajouta à l'édification de ce beau jour la ferveur reconnaissante de celui dont personne n'ignorait la longue résistance. Il n'avait certes rien moins fallu qu'un éclatant prodige pour réduire un homme de sa trempe, à reconnaître et à réparer si publiquement ses torts.

Le soir, après un sermon français, du P. Gilles, on procéda, en grande solennité, à la pose de la première pierre. L'Official donna le premier coup, au nom de l'Evêque, et le Sénéchal d'Auray, M. Cadio fils, donna le second, au nom du fondateur, son père.

On concevra facilement quelle était, pendant toutes ces cérémonies, la consolation du bon paysan qui voyait accomplies à la lettre ces promesses si long-temps regardées comme des folies. Chacun voulait le voir, l'interroger, le féliciter de son bonheur. Pour lui, quelque pénibles que lui fussent ces attentions, il ne pouvait se résoudre à quitter l'oratoire, où il recueillait avec soin les aumônes jetées au hasard : elles montèrent, dans cette seule journée, à six cents, et, à la fin de l'octave, à treize cents écus, sans parler des offrandes en nature.

Le P. Ambroise, en rapportant tout ceci à l'Evêque, quelques jours après, ne fit pas difficulté de dire que le concours et la dévotion publique eussent tenu du prodige, quand bien même ils n'auraient pas été si miraculeusement prédits. Il se serait agi d'un jubilé prêché dans cet endroit, pour toute la province, qu'on n'eût jamais pu réunir la multitude que la grâce toute seule y avait attirée.

On vit peu après, parmi les pèlerins, M.gr Le Prêtre, Evêque de Cornouailles, qui voulut célébrer aussi le saint Sacrifice dans ce pauvre oratoire, où Dieu était déjà mieux honoré que dans les plus somptueuses basiliques. Nicolazic fit d'abord quelques difficultés de prêter les ornements, à cause de la défense de M.gr de Rosmadec. Loin de s'en offenser, le bon Evêque s'édifia de la fidélité de son obéissance : il réussit cependant à lui persuader que M.gr de Vannes ne pouvait le trouver mauvais ; et, dans un billet de décharge qu'il laissa, en partant, au laboureur, il conjura M.gr de Rosmadec d'accorder, sans limites, une faveur que l'intérêt de la religion semblait solliciter. Le Prélat ne put résister à de telles instances ; et, depuis ce jour, l'autel de ce pauvre et petit oratoire fut un des mieux desservis de toute la province.

CHAPITRE V.

Construction de la Chapelle. — Etablissement des Carmes.

Enfin, la sainte entreprise, traversée, comme toutes les œuvres divines, si long-temps et par tant d'obstacles, venait de les voir s'aplanir, tout, favorisait l'heureux Nicolazic pour la construction de la chapelle. Il s'y appliqua, en effet, avec tout le zèle qu'on se figure, et même avec une habileté qu'on n'avait pas droit d'attendre.

Bien qu'il ne sût ni lire ni écrire, les comptes qu'il avait à rendre au député de l'Evêque et au sénéchal d'Auray les frappaient par leur exactitude. On connaissait d'ailleurs son désintéressement. Le jour de la fête, on l'avait entendu dire, à la vue de la multitude qui foulait aux pieds ses champs, qu'il ne se souciait nullement de ses biens, pourvu que sa bonne maîtresse fût honorée. Et de fait, jamais on ne le vit se servir, pour son entretien, des aumônes qu'il maniait, ni des dons personnels qu'il pouvait recevoir. La suite fit voir que les événements étaient loin d'avoir amélioré sa fortune.

Aussi actif que pur, son dévouement était de toutes les heures. Vous l'eussiez vu presque en même temps : ici, accueillir les pélerins avec cette affabilité qui captive les cœurs; là, veiller d'un œil minutieux sur les ouvriers et sur l'ouvrage; ailleurs, faire préparer et transporter les matériaux de construction. Sur sa demande, les Recteurs des environs ayant recommandé au prône de l'aider dans ses pieux travaux, on s'offrit, à l'envi, pour porter les pierres qu'on tirait de la lande et les poûtres choisies dans les bois des châteaux voisins.

La vénération qu'on lui portait allait au point qu'un mot de sa bouche devenait un ordre, et les moindres règlements, des lois sacrées. Aussi, point de murmures dans les paiements, ni de confusion dans les charrois, ni de désordre dans les rassemblements. L'esprit de foi et de piété régnait au milieu du travail des uns et de la prière des autres.

Ce serait ici le lieu de parler des miracles dont la renommée répandit dès lors tant d'éclat sur le sanctuaire naissant; mais leur multitude et leur diversité nous ont fait juger plus à propos, pour ne pas couper sans cesse le fil de la principale histoire, de les réunir tous dans la dernière partie de cet ouvrage.

Pendant que les nouveaux murs s'élevaient dans les airs, le zélé Prélat songeait à organiser le service futur du pélerinage, et se demandait à qui il conviendrait mieux d'en confier le soin.

Le détail, presque sans bornes, des soins du ministère qu'allait nécessiter chaque jour l'affluence des étrangers, fit penser d'abord à quelque famille religieuse, dévouée par sa règle aux œuvres apostoliques. Le choix serait tombé sur les Capucins, si la sévérité de leur institut leur eût permis de posséder des biens fonds et de manier les offrandes. Il faut bien se garder, en effet, de juger ces humbles religieux d'après les injustes railleries des incrédules, ou le mépris des personnes du monde, qui se sont plu à ridiculiser leur nom. Le fait est que leur extrême pauvreté et l'austérité de leur vie maintenaient dans leur ordre une ferveur de vertu qui ne s'est jamais démentie. Cet esprit de piété, joint à la simplicité de leurs mœurs, faisait d'eux une leçon vivante de l'Evangile pour les grands et les riches, et les rendait singulièrement chers et utiles aux conditions pauvres. On sait d'ailleurs que la grossièreté de leurs vêtements cachait souvent, outre les vertus sublimes, les talents, les grands noms et les formes aimables que le monde estime.

Ici, cependant, la rigueur de l'institut de saint François pouvant mettre obstacle à la prospérité matérielle de la fondation, il fallut penser à un autre ordre, et l'on jeta les yeux sur les Carmes.

Les Carmes sont un des ordres religieux les plus anciens dans l'Eglise; ils ont même la pieuse prétention de descendre du prophète Elie, parce que, dans les premiers siècles, ils habitaient le Mont-Carmel, où se sont toujours succédé, sans interruption, selon d'anciennes traditions locales, les disciples du prophète. Si l'on en croit les mêmes traditions, la très-sainte Vierge aurait été plus d'une fois visiter, pendant sa vie, ces pieux solitaires du Carmel, éloignés seulement de deux lieues de Nazareth; et ceux-ci auraient eu le bonheur d'habiter à Jérusalem, dans le premier siècle, la propre maison de sainte Anne, où s'étaient accomplis les mystères de la Conception immaculée et de la glorieuse Assomption de Marie.

Toujours est-il que, sortis jadis de la Palestine, les enfants du Carmel avaient conservé un vif attrait pour tout ce qui touchait de plus près au Sauveur et à sa mère. Ils ont été appelés par les Souverains Pontifes les frères de Marie ; ils ont été chargés par eux de desservir le sanctuaire de Lorette, que de respectables traditions nous apprennent avoir été la propre demeure de saint Joseph à Nazareth ; ils avaient donc, plus que personne, des droits au service des nouveaux autels de sainte Anne.

D'ailleurs, une édifiante réforme, imitée de celle de sainte Thérèse et de saint Jean de la Croix, avait commencé, depuis quelques années, à renouveler dans les couvents de la Province la ferveur primitive. Le P. Philippe Thibaut, dont la sainteté jetait alors un grand éclat, en avait posé, à Rennes, les premiers fondements en 1604, sur les instances du Pape Urbain VIII, et d'après les désirs du bon Roi Henri IV. Un pareil projet n'avait pas pu s'accomplir sans les épreuves qui consolident les œuvres du Ciel ; mais le succès avait déjà tellement couronné ses fatigues, que les enfants et les maisons de la réforme se multipliaient au-delà de ses espérances.

M.gr de Rosmadec était instruit de ces succès, et professait d'ailleurs pour l'ordre une estime et une affection qu'on pouvait appeler de famille, puisqu'il n'y avait pas long-temps qu'un Evêque de Cornouailles, de sa maison, avait fondé le couvent de Pont-L'Abbé.

D'autres circonstances contribuèrent encore à sa détermination. Il eut, en 1627, pour prédicateur de Carême, à sa cathédrale, un des fondateurs et des membres les plus distingués de la réforme, le P. Séraphin de Jésus, dont il goûtait infiniment la douce piété, réunie au savoir le plus profond et au caractère le plus aimable. A la même époque, le P. Thibaut dut lui-même se rendre à Vannes pour établir sa réforme parmi les Carmélites de Nazareth, couvent autrefois fondé par les filles de la vénérable Françoise d'Amboise, Duchesse de Bretagne. Le Prélat, désireux de voir revivre les héroïques exemples des premières fondatrices et d'enrichir son diocèse de sujets formés par la nouvelle réforme, se décida à offrir au P. Thibaut la fondation de Sainte-Anne. Les contrats, dressés au commencement de 1628, furent confirmés quelques mois après par des lettres-patentes de

Louis XIII, datées du fameux camp devant la Rochelle, et ces lettres furent enregistrées l'année suivante au parlement de Bretagne et à la chambre des comptes, par les soins de Christophe Fouquet, procureur-général, et surtout de François de Cossé, Duc de Brissac, lieutenant-général de la province. Aussi la reconnaissance des Carmes avait-elle placé l'écusson des Brissac dans les vitraux de la chapelle de la Sainte-Vierge ; mais le laps du temps l'en a fait disparaître.

CHAPITRE VI.

Plan des édifices.

Aussitôt les contrats passés, le P. Thibaut prit possession des lieux avec le P. Séraphin, et y appela une colonie du couvent d'Hennebont, dont il confia la direction au P. Hugues de Saint-François. En attendant qu'ils pussent se loger au village, Mme du Rohello, pieuse dame, veuve d'un conseiller au présidial de Vannes, accueillit les nouveaux venus au château de Quenven. Ils vécurent là en communauté, pressant avec vigueur la construction de l'église et du couvent.

A leur arrivée l'église n'était encore qu'à moitié faite. Il n'y avait de couvert que les trois chapelles du fond, le grand-autel, la chapelle de la Sainte-Vierge, propriété du fondateur, et celle de Saint-Sébastien, propriété de l'Evêque. Pour se servir immédiatement de ce fragment d'église, on fit un étage dans la chapelle de Saint-Sébastien, aujourd'hui de Saint-Joseph, pour y placer la sacristie sous le chœur. La statue fut déposée sur une crédence, auprès du grand-autel, et la naissance de la nef fut fermée par des planches. C'est en cet état que l'église fut bénite, par l'Official, le 4 juillet 1628.

Les Pères exercèrent dès lors envers les pélerins les travaux du saint ministère ; mais on sentit bientôt qu'ils étaient incompatibles avec l'éloignement de leur demeure. Il fallut donc bâtir à la hâte une méchante cabane auprès de l'église. L'année suivante on disposa la maison de Nicolazic pour y mettre, à l'étroit, 25 religieux.

En même temps, le P. Benjamin de Saint-Pierre, qui était fort entendu dans l'architecture de l'époque, traçait et faisait exécuter le plan des édifices, dont nous devons expliquer les principales dispositions.

VUE DE LA FONTAINE

En arrivant par la route d'Auray et par celle de la Chartreuse, on rencontre d'abord une vaste place ombragée de châtaigniers, et à l'extrémité, la miraculeuse fontaine, consacrée par la première apparition de sainte Anne. L'humble source qui se perdait autrefois inaperçue sous les buissons, est devenue une magnifique piscine, construite en pierres de taille. Elle forme un parallélogramme de 74 pieds de longueur, sur 46 de largeur. Sa partie inférieure est coupée par un large ceintre, et les trois autres par des escaliers enclavés dans trois grands siéges formant amphithéâtre autour des bassins. Les bassins sont au nombre de trois. Les deux premiers, octogones, de six pieds de diamètre, sont alimentés par des sources vives. Le dernier reçoit l'excédant des autres. Celui-ci se prolonge dans l'hémicycle, sur 18 pieds de longueur et 8 de largeur. Il entoure de ses eaux le piédestal qui porte la statue de la Sainte. Dans le premier plan, la statue devait être entourée d'un monument dorique, percé par quatre arcades et couronné d'un dôme orné de statues.

Sur cette place s'ouvre la rue des Merciers, d'où l'on entre, par trois portes, dans la cour de la chapelle. Cette cour, longue de 260 pieds et large de 220, avait été tracée de manière à présenter un majestueux ensemble. Au milieu s'avance l'église adossée au couvent, dont les deux ailes devaient être symétriques. Les flancs de la cour sont dessinés par des galeries destinées à abriter les pèlerins. Ces galeries viennent se rejoindre par deux longs escaliers, au-dessus des trois portes d'entrée. Là s'élève un autel imposant qu'une large arcade fait apparaître sous une élégante coupole, et où le saint Sacrifice peut être entendu de 15 ou 20000 âmes. Ce monument a retenu le nom de *Scala sancta*, que sa première destination lui avait fait donner. On y voyait, avant la révolution, un précieux groupe de statues en pierres représentant le mystère de l'*Ecce-Homo* (1). Les nombreux degrés qui y conduisaient rappelaient donc ceux du prétoire, et tout le monument celui de Rome, où l'on monte à genoux sur les degrés de marbre tirés par Constantin du palais de Pilate. La faux du vandalisme ne pouvait pas respecter ces souvenirs. Les statues pleines de vie ont été brutalement brisées. Celles de la sainte

(1) Ce morceau était l'ouvrage du petit-fils de François de la Barre, de la ville du Mans, excellent artiste du 16ᵉ siècle.

Famille, qui les remplacent aujourd'hui, ont été tirées en 1815 d'un ancien et magnifique retable des Cordeliers d'Auray, qui est également tombé sous des mains barbares. Et toute cette cour de sainte Anne, si heureusement inspirée aux Carmes par des souvenirs orientaux, s'est laissé partout déformer par des constructions profanes.

Dans la chapelle, on verra avec plaisir les trois retables du fond, qui sont de bons morceaux de la renaissance : les enroulements de la frise ont un relief et une grâce remarquables; mais ce qui doit frapper davantage les pèlerins, ce sont les *ex voto* qui embellissent les murs, en racontant aux yeux les bienfaits de la sainte Patronne du pays; c'est, bien plus encore, l'autel vénéré où se conserve la Statue miraculeuse, à peu près dans l'endroit où elle fut d'abord trouvée.

La sacristie, placée derrière le grand-autel, est surmontée d'une voûte soutenue par quatre colonnes de marbre. Cette voûte supporte le chœur qui s'ouvre sur l'église par une large arcade : l'un et l'autre sont pris dans l'épaisseur de la tour qui s'élève à la hauteur de 150 pieds.

Cette tour n'est attachée à la maison que par une voûte latérale, afin qu'au rez-de-chaussée, les pèlerins puissent faire le tour de l'église et se rendre au dévot calvaire élevé au milieu du cloître intérieur. A l'extrémité du cloître s'élève le principal corps de logis du couvent, dont la façade donne sur un vaste jardin. Vers le nord s'étend un enclos de 51 arpents de terre, fermé par un mur de 833 toises. De grandes prairies, d'excellents vergers, des allées magnifiques de châtaigniers et de tilleuls, un canal et une pièce d'eau poissonneuse de 256 toises d'étendue, en font un lieu du plus agréable séjour.

En voyant s'élever ces vastes édifices, et se former cette nouvelle communauté de zélés solitaires, le chrétien doit se sentir porté à bénir Dieu de ses œuvres; mais, au contraire, cette vue d'une église et d'un couvent ne fera-t-elle pas sourire de pitié celui qui n'a pas la foi? Pour lui, que sont les Ministres du Ciel, sinon un inutile fardeau pour la terre? A ses yeux, est-ce que des manufactures ne vaudraient pas mieux pour les peuples que des temples?

Plaignons, en chrétiens, ceux dont le regard rétréci ne voit ici-bas, pour l'homme, que le bien-être de la vie matérielle, et dont le cœur est mort aux sentiments élevés

que le calcul ne peut atteindre. Qu'il y a
là peu d'entente de l'humanité! Est-ce donc
que l'homme ne vivrait que de pain? Est-ce
que son âme, brûlante d'espérance et d'a-
mour, n'aurait qu'à végéter tristement,
comme le corps qui souffre et qui meurt?
Et n'est-ce rien pour la consolation de cette
vie passagère que l'aider à mériter les
années éternelles.

Oh! combien la religion connaît mieux
notre nature, et sait mieux remédier à nos
misères! Véritable amie des peuples, elle
est loin d'être insensible à leur prospérité
physique; elle la favorise plutôt par la sagesse de ses lois. Mais elle sait que les
premiers besoins des hommes sont les besoins
de leurs âmes : qu'aveugles sur leurs destinées, abusés par leurs passions, abattus
par leurs douleurs, il leur faut surtout des
lumières, des vertus, des consolations puissantes, et elle les leur procure.

Non, elles ne sont pas des fardeaux
pour la terre ces familles religieuses animées
de l'esprit des saints qu'elles ont eus pour
pères, soit qu'elles renoncent à tout commerce avec le monde pour l'aider de plus
puissantes prières, soit que, comme les
Carmes, joignant l'apostolat à la contempla-

tion, elles s'associent aux pasteurs des âmes pour alléger leurs fardeaux, s'enfonçant avec eux dans les campagnes, non pour en exploiter la misère par les spéculations de l'industrie, mais pour réveiller la foi qui apprend à l'homme sa grandeur, pour répandre les consolations divines qui font mépriser les joies criminelles, et pour adoucir les maux présents par l'espoir d'un meilleur avenir; c'est-à-dire, pour enrichir la vie des autres par le sacrifice de la leur. La carrière du religieux et du prêtre est-elle autre chose!

Non, des manufactures ne valent pas des temples! Elle vaut mieux la maison de prière où les yeux s'élèvent vers le ciel, que celle de dur travail, où ils se tiennent courbés vers la terre. Un temple, et surtout un pélerinage, c'est un centre où viennent s'unir et se confondre ceux que séparent la fortune et la demeure, que divisent les intérêts et les penchants; c'est le toit paternel où tous les membres de la grande famille, réunis autour de la même table, et recueillant les mêmes souvenirs, se sentent les enfants du même père. C'est le séjour chéri des peuples pauvres et pleins de foi. S'il est juste que quelques plaisirs interrompent la monotonie d'une vie laborieuse et rude, ils veulent placer ces plaisirs sous la protection de la religion qui en découvre les dangers. Les fêtes religieuses sont pour eux les plus douces aussi bien que les plus pures des jouissances. Une chapelle de pélerinage! c'est un doux refuge pour l'âme affligée, qui n'a plus à espérer du côté des hommes de soulagement à ses peines : c'est un céleste asile pour le cœur désenchanté du monde, qui sent le besoin de Dieu. Au pied d'un autel solitaire, on prête plus aisément l'oreille à la voix qui parle à l'âme; et, loin du vain bruit des hommes, la paix de Dieu se fait mieux sentir; ou bien, si l'on flottait encore au milieu des dangers, une chapelle de pélerinage serait aux malheureux jouets du monde comme ces phares allumés sur les rochers du rivage, qui indiquent de loin à ceux qu'agitent les vents et les vagues, d'un côté les écueils qui menacent le navire, et de l'autre le port où se trouve le salut.

LE PÉLERINAGE

DE

SAINTE-ANNE D'AURAY.

TROISIÈME PARTIE.

Progrès de la Dévotion.

Que d'honneur, ô Dieu! vous donnez
à vos amis! Que de puissance vous
accordez à leur empire! Ps. 138. 17.

Après avoir tracé la modeste origine et la miraculeuse fondation du pélerinage de Sainte-Anne, il nous reste à parler des progrès de la dévotion publique, de la protection des Rois, des faveurs des Papes, de l'institution des fêtes, et des événements et des hommes dont le souvenir se rattache à ces saints lieux. En voyant la piété de nos pères, nous remercierons le Ciel de nous avoir transmis leur plus précieux héritage ; et nous aussi, à leur exemple, au lieu de chercher nos joies dans les plaisirs qui passent, d'appuyer nos espérances sur le fragile appui des hommes, et de chercher la consolation sur une terre où tout gémit, nous aimerons à nous mêler à ces solennités saintes, où la joie descend d'en haut, à prier sur la pierre où se sont agenouillés tant d'élus, et, si nous souffrons, à verser à l'écart, dans le sein de Dieu et dans la société de ses Saints, des larmes qu'il essuiera après les avoir comptées.

CHAPITRE PREMIER.

Règlements des Carmes. — Ferveur, pratiques des pélerins.

Le premier soin des Carmes devenus propriétaires du village, fut d'établir de sages règlements pour l'entretien de la piété et le maintien du bon ordre. Les marchands eurent défense d'étaler dans le voisinage de l'église autre chose que des objets de dévotion. Les sons de la cornemuse et les danses folâtres furent sévèrement interdits ; et les cabaretiers contractèrent l'engagement, sous peine de renvoi, de prévenir les désordres familiers à leurs hôtes, l'ivresse et le libertinage ou les querelles qui en sont les suites ordinaires.

Dans l'église, on fit en sorte que les messes se succédassent depuis le lever du jour jusqu'à midi. L'office était chanté jour et nuit avec accompagnement des orgues ; de nombreux confesseurs se tenaient assidûment au saint tribunal ; des prédications avaient lieu les jours de fête et des grands catéchismes bretons tous les dimanches. Dans ces catéchismes on employait avec succès l'usage du chant des cantiques que le vénérable M. Le Nobletz venait d'introduire dans les campagnes pour graver dans les esprits et faire mieux pénétrer dans les cœurs les mystères de la foi.

Le soulagement des malheureux n'était pas oublié. Outre les secours particuliers, on faisait tous les mardis des distributions générales, et un zèle industrieux ne manquait pas d'en profiter pour réveiller dans les âmes, souvent plus misérables que les corps, les sentiments de piété qui adoucissent et surtout qui sanctifient les souffrances.

Le perpétuel dévouement des Religieux était encouragé par la ferveur croissante des pélerins. Depuis sa construction, la nouvelle chapelle ne désemplissait plus. On y accourait de toutes les parties du diocèse, de toutes les contrées de la Bretagne et de toutes les provinces voisines. Par toutes les directions, comme à toutes les heures, se rencontraient de pieux voyageurs allant ou implorer des secours ou offrir des actions de grâces. Les uns viennent seuls pour que rien ne les trouble en leurs prières ; d'autres se réunissent pour chanter de longs cantiques. Ici c'est une famille qui accourt tout entière, portant le nouveau-né et entraînant le vieillard : plus loin ce sont de pauvres matelots marchant en corps de chemise, la tête et les pieds nus ; ils vous raconteraient comment, surpris par la tempête, jetés sur des récifs, tombés peut-être dans les flots et sans espoir en ce monde, l'invocation de sainte Anne les avait soutenus sur l'abîme. Ailleurs s'avancent péniblement, à pied, des personnes du plus haut rang, des dames délicates suivies de leurs équipages qui ne doivent servir qu'au retour. Il n'était pas rare au commencement d'en voir faire de la sorte trente et quarante lieues de chemin.

Du plus loin que les pélerins aperçoivent la tour, ils se jettent à genoux, saisis d'un saint respect, et ne marchent plus qu'en silence et le chapelet en main, comme si tout l'horizon, dominé par la chapelle, était un temple plein de la majesté divine.

Tout à coup, de toutes les longues avenues qui rayonnent autour de Sainte-Anne, sortent comme des flots de pélerins qui se rencontrent sur la place des Châtaigniérs, et se croisent et se mêlent en s'approchant de la fontaine et de la chapelle... Si l'âme était moins pénétrée, ce serait un curieux spectacle à contempler que celui de tous ces divers costumes particuliers, pour les hommes, à chaque canton, et pour les femmes, à chaque paroisse. L'étranger y peut reconnaître un peuple qui, moins changeant que les Français, se plaît à conserver, depuis la plus haute antiquité, les vêtements aussi bien que la langue de ses ancêtres. Mais ce qui frappe le pélerin, c'est plutôt la joie sainte répandue sur tous les visages, le recueillement conservé dans l'agitation universelle, et le silence qui n'est interrompu que par les prières murmurées tout bas par les pélerins, et récitées à haute voix par des nuées de pauvres mendiants.

Ici l'on se presse autour de la fontaine : ceux-ci se reposent assis sur les degrés de l'amphithéâtre ; les autres s'approchent de l'eau des piscines pour y tremper leur visage, leurs pieds et leurs mains, et vont boire à la source principale. On ne doit voir autre chose en ces ablutions qu'un symbole et une expression du besoin qu'éprouvent les âmes de se purifier de leurs souillures quand elles s'approchent de Dieu.

Plus loin, dans la grande cour, ce sont des files de pélerins serpentant le long des murs de la chapelle et sous les galeries du cloître, la tête nue et le cierge en main.

Plusieurs se traînent à genoux en signe de pénitence : ils montent ainsi lentement les nombreux degrés de la *Scala sancta*, et vont embrasser les pieds du calvaire. On croirait revoir les pénitences canoniques des premiers siècles.

Avec la foule, entrez-vous dans la chapelle ? vous y chercheriez en vain les distinctions dont le monde est si jaloux : la religion, qui apprend à l'homme son mélange de néant et de grandeur, se plaît à confondre au pied du même autel les riches et les pauvres; ils ont tous les mêmes titres à ses yeux, ils sont chrétiens, hommes et pécheurs.

Mais quel profond recueillement, quel religieux maintien, quelle effusion de confiance et d'amour! Que veut donc, que demande cette multitude prosternée? Vous voyez des parents qui recommandent leur famille à celle qui fut, elle aussi, chargée d'en gouverner une; des enfants, des époux qui appellent ses bontés sur tout ce qu'ils ont de plus cher dans la vie. Le riche lui confie le secret de ses soucis, le pauvre celui de sa misère, l'affligé celui de ses douleurs, et nul ne se relèvera sans se sentir le cœur soulagé. Combien d'entre eux n'ont à verser que des larmes de reconnaissance! L'estropié guéri suspend aux murs ses appuis désormais inutiles; le malade, long-temps désespéré, apporte le suaire préparé pour ses funérailles; le matelot qui a sauvé son navire dans le naufrage attache à la voûte quelque petit vaisseau qui le représente; ou, s'il n'a sauvé que sa vie, il dépose du moins la planche qui l'a jeté sur le rivage. Nul n'oublie de joindre son cierge à ceux qui forment, sur la balustrade de fer doré, une perpétuelle illumination en mémoire du flambeau miraculeux si souvent apparu ; nul ne manque de s'approcher respectueusement de la sainte Image et des reliques exposées pour les baiser avec dévotion, et y faire toucher quelque objet de piété qui devient plus sacré par ce contact et par le souvenir qui s'y rattache.

Cependant, de toutes les pratiques de piété que l'on vit, dès le principe, s'introduire dans ce saint lieu, la plus agréable à Dieu fut sans doute, avec la prière, l'approche des Sacrements, malheureusement trop peu fréquentés des fidèles à l'époque où les longues guerres intestines des règnes précédents avaient affaibli dans les âmes les ressorts de la foi, comme elles avaient ébranlé dans l'état les fondements de la prospérité publique.

Le principal objet du pèlerinage fut donc ce qu'il devait être, de rapprocher de Dieu les chrétiens, en les aidant à recouvrer la grâce, ou en renouvelant en eux les sentiments d'une piété trop languissante. Ce fut dès lors comme une loi pour les pèlerins de faire dire, ou du moins d'entendre la sainte messe, et, autant que possible, d'approcher de la sainte table. Ceux qui ne s'étaient pas disposés au voyage par la confession et le repentir de leurs fautes, résistaient rarement, en entrant dans la chapelle, à la grâce qui les pressait de commencer une pénitence sévère et durable. Souvent livrés, depuis de longues années, aux plus coupables habitudes, sourds jusqu'alors à la voix du remords, insensibles à la crainte des jugements éternels, on eût dit qu'une lumière subite les éclairait pour la première fois. La vertu.leur faisait goûter de nouveau ses charmes, reprenait ses anciens droits, et ils sentaient en eux la douceur de la divine miséricorde, toujours aussi prompte que le repentir.

Combien de conversions, au rapport des mémoires contemporains, achevées ainsi en quelques heures, après trente et quarante années d'habitudes criminelles ! Combien de confessions sacriléges réparées par un aveu long-temps cru impossible ! Combien d'injures pardonnées, de vengeances oubliées, d'inimitiés éteintes, de torts réparés, de chaînes honteuses brisées à jamais ! Et aussi, combien de faveurs signalées accordées aux justes ! les consolations dans la prière, la force dans les tentations, la paix au milieu des troubles du cœur !... Le vrai pélerin de Sainte-Anne ne quitta jamais son autel sans se sentir meilleur et plus heureux.

CHAPITRE II.

Fêtes du Pélerinage. — Processions des Paroisses. — Celle de Pont-l'Abbé.

Le concours des pélerins augmentait durant la belle saison et aux jours de fête. On commença à célébrer d'une manière plus solennelle celles de saint Louis et de saint Michel, protecteurs de la France; toutes celles de la très-sainte Vierge, en particulier celle du Scapulaire ; surtout celles de la Pentecôte et de sainte Anne. Dans ces dernières , le nombre des Pélerins , suivant Hugues de St.-François, montait souvent, dès la veille, à quatre-vingt mille et au-delà. On réunissait pour entendre les confessions tous les religieux des couvents voisins ; et, bien qu'il n'y eût d'ordinaire que des réconciliations rapides à faire, quatre-vingts prêtres zélés avaient peine à suffire. Toute la multitude avait à passer la nuit sur les lieux ; mais, grâce à la vigilance des Carmes et à l'esprit de foi des peuples , aucun désordre n'était à craindre. Les maisosn particulières, les galeries de la grande cour et celle du cloître, les larges tentes dressées sur la place des Châtaigniers avec des voiles de navire, se trouvant remplies, le reste de la foule allait former un camp-volant au milieu de la lande. Les habitants de chaque pays, se reconnaissant au costume, se rassemblaient par groupes. Dans chaque groupe, les femmes occupaient le centre, et les hommes formaient autour d'elles un cercle à distance convenable. La pâle clarté de la lune pouvait diminuer quelquefois les dangers des ténèbres ; mais, à toute heure, de graves religieux, accompagnés d'officiers de justice, passaient et repassaient, avec de larges torches, à travers ces groupes semés dans la plaine. Ils faisaient en même temps, pour tromper l'ennui, chanter de pieux cantiques en l'honneur de la Sainte : les hommes répondaient aux femmes, les groupes répondaient aux groupes ; mille sons lointains se croisaient dans les airs ; et ces chants religieux, que le calme et la majesté de la nuit rendaient plus augustes, préparaient les âmes à s'approcher le lendemain des saints mystères. Les communions étaient quelquefois si nombreuses qu'on en a pu compter jusqu'à quarante mille en un même jour. Le saint Sacrifice se célébrait alors au haut de la *Scala sancta*. Les communiants montaient d'un côté de la galerie, descendaient de l'autre et gardaient sans peine un ordre parfait. Ces veilles édifiantes ne rappellent-elles pas celles des premiers chrétiens auprès des tombeaux des Martyrs?

Outre les fêtes propres à la chapelle, chaque paroisse environnante voulut avoir la sienne, et, suivant l'exemple de la ville d'Auray, choisit un jour pour s'y rendre en procession solennelle. C'est ordinairement par les plus beaux jours du printemps ou de l'été que, de tous les hameaux dispersés dans les champs, l'on se rassemble, avant le lever de l'aurore, autour du clocher de la paroisse. Il n'est pas jusqu'aux enfants et aux vieillards qui ne se fassent une loi sacrée et une douce joie, malgré la fatigue, de faire le religieux voyage. La croix ouvre et guide la marche; les bannières des saints Patrons, le drapeau de la commune se déploient dans les airs; le clergé entonne les litanies de la Sainte, auxquelles le peuple entier répond d'une voix uniforme; cette uniformité est interrompue par le son argentin de deux clochettes portatives, alternativement balancées en cadence. La procession fait, dans cet ordre, le tour de l'église et du cloître. La journée est toujours trop vite achevée, et nul ne retourne au village sans s'être enrichi de quelques objets de piété, souvenir d'un jour heureux pour ceux qui l'ont goûté, et, pour les autres, dédommagement d'un sacrifice.

Parmi les paroisses qui adoptèrent dès lors l'usage du pélerinage annuel, plusieurs étaient éloignées de six et huit lieues : celle de l'Ile-Dieu ne s'effrayait pas d'une distance de soixante lieues, et elle les franchit encore tous les ans. Outre ces processions régulièrement établies, il en venait souvent d'isolées à la suite de quelque faveur miraculeuse. L'on a retenu le souvenir de celle de Guélon, près de Granville, en Normandie, qui eut lieu en 1629, après une longue sécheresse ; celle de Quimperlé, en 1654, à l'occasion d'un incendie ; celles de St.-Nazaire et du Croizic, dans l'évêché de Nantes ; mais principalement celle de Pont-l'Abbé où l'on vit une ville presque entière se transporter à vingt-cinq lieues de distance.

C'était en 1634 : une maladie contagieuse désolait la ville et empirait de jour en jour. Les riches, épouvantés, avaient pris la fuite, et la misère publique, parvenue à son comble, redoublait l'activité du fléau. Une communauté de Carmes, récemment établie dans la ville, n'avait rien épargné pour le soulagement des malheureux ; mais elle-même était décimée, et ses dernières ressources s'épuisaient. Ce fut alors que le Père Prieur, qui avait rempli la même charge à Sainte-Anne, se sentit inspiré de vouer un pélerinage au nom de tous ses religieux. Le bruit ne s'en fut pas plus tôt répandu dans la ville que le même vœu s'y fait à l'envi, et au même instant la maladie s'arrête. La reconnaissance universelle ne voulut souffrir aucun retard, et le pélerinage se fit quelques jours après dans l'ordre suivant :

De grand matin, c'était un dimanche, on chanta dans l'église des Carmes une messe où tous les pélerins communièrent : une exhortation pathétique rappela les pensées qui devaient occuper tous les esprits durant le voyage, et l'on partit. Les religieux, au nombre de vingt, marchaient en tête, précédés de leur croix. Après eux venaient deux vénérables recteurs des environs, portant chacun une bannière de sainte Anne, puis les hommes rangés trois à trois sous la conduite du Sénéchal, vieillard presque septuagénaire, qui voulut faire toute la route à pied. Les femmes suivaient dans le même ordre.

On stationna quelque temps à une dévote chapelle de St.-Roch, qu'on avait coutume de visiter à pareil jour pour une semblable délivrance. De là l'on se dirigea vers Quimper.

Les pèlerins y étaient attendus et furent reçus solennellement par le Promoteur du chapitre, le Sénéchal et les Conseillers au présidial. On les conduisit à travers la foule à la cathédrale où ils furent accueillis par le chant des hymnes et le son des orgues. Le Chapitre était assemblé; l'Evêque, messire Le Prêtre, était sur son trône, ayant le clergé à sa droite, la Noblesse et le Présidial à sa gauche. Prié par le P. Prieur de bénir les pèlerins et les bannières, il en prit occasion d'adresser à tous de paternelles paroles. Le Prieur monta ensuite en chaire et exhorta la multitude à l'amour des vertus qui nous font chérir de Dieu et des Saints.

Le soir, rien de plus touchant que l'hospitalité offerte par la ville aux religieux et aux autres pèlerins. Un grand nombre d'habitants de Quimper voulurent les accompagner jusqu'au terme, et grossirent leur nombre le lendemain matin.

Dans la marche, l'ordre que nous avons décrit était invariablement gardé : ni les religieux ne se mêlaient aux séculiers, ni les hommes ne s'approchaient des femmes. Tous allaient à pied, excepté les infirmes, et l'on s'entretenait en marchant de sujets d'édification suggérés par quelques religieux chargés de veiller sur tout. La psalmodie du saint office et d'autres prières récitées en chœur, faisaient oublier la monotonie et les peines du voyage. La rencontre d'une chapelle fournissait d'ailleurs de temps en temps l'occasion d'un agréable repos, et dans chaque ville où l'on s'arrêtait, avaient lieu des exhortations publiques.

La deuxième nuit se passa à Pont-Daven, et la troisième à Hennebont. Enfin le lendemain se découvre de loin la haute tour de Sainte-Anne. Il serait difficile de rendre la joie de la pieuse multitude, qui se prosterne à l'instant pour saluer le sanctuaire. Bientôt se détachent sur la lisière des bois les vêtements blancs des Carmes du pélerinage venant au-devant de leurs frères, et avec eux, au bruit des cloches, au chant des cantiques, au milieu du concours des habitants des environs, l'on entre dans la chapelle. Nul ne se souvenait plus de la fatigue; des larmes de consolation coulaient de tous les yeux, et le jour entier du lendemain eut peine à suffire à l'épanchement de la piété universelle.

CHAPITRE III.

*Lettres de la Reine Anne d'Autriche. —
Précieuse Relique offerte par Louis XIII.
— Solennité de sa réception.*

Dans les œuvres de Dieu, les succès ont souvent d'autant plus de grandeur et de solidité, que les commencements sont plus humbles : ainsi, après avoir vu accourir devant la pauvre statue du Bocenno d'abord des villageois, puis des habitants des villes et des villes entières, nous allons la voir honorée par les grands du monde, les Rois et les Souverains Pontifes. Après que les Anges eurent appelé les bergers à la crèche, l'étoile y appela les Mages.

C'était le règne de Louis XIII et d'Anne d'Autriche, princes dont l'histoire atteste la religion sincère. Les pratiques de piété leur étaient d'autant plus sacrées qu'ils se sentaient obligés de les défendre par l'autorité de l'exemple contre le mépris sacrilége des Calvinistes. La Reine en particulier, desservie alors auprès du Roi et sans espoir de

donner un héritier à la couronne, ne trouvait de consolation à ses chagrins que dans
ses bonnes œuvres. Aussitôt que la nouvelle
des miracles de Sainte-Anne d'Auray par-
vint à la cour, elle se sentit portée à favoriser des lieux si chers à la grande Sainte
dont elle portait le nom.

Nous la voyons écrire, dès 1628, à
l'Evêque de Vannes, pour *lui témoigner son
contentement* de ce qu'il avait choisi pour
desservir un lieu *où s'exercent de si grandes
dévotions les Religieux réformés du Mont-
Carmel, qu'elle affectionne pour leur bonne
vie et leur piété.* Elle demandait, en outre,
des prières publiques et quotidiennes pour
le Roi, le succès de ses armes et la naissance
si désirée d'un Dauphin. L'Evêque fit donner
tous les jours la bénédiction du S.-Sacrement
à cette intention.

L'année suivante, toujours préoccupée
des mêmes pensées, elle envoie sur les lieux
la Présidente de Mesme, de la maison
d'Amboise, pour accomplir une neuvaine
en son nom. Et quand enfin, neuf ans plus
tard, elle eut vu cesser une stérilité de
vingt-deux années, nous la voyons encore,
dès les premiers moments (le 26 juillet 1638),
envoyer en pèlerinage l'Enseigne de Bois-

louët pour obtenir , par l'intercession de sainte Anne , de donner à la France un Dauphin.

Les Carmes lui firent offrir , à cette occasion, un recueil des miracles les plus avérés , avec une collection de petits tableaux qui les représentaient : ils en reçurent la réponse suivante :

« Révérends Pères, les tableaux et le livre des miracles qu'il a plu à Dieu de faire par l'intercession de sainte Anne , en sa chapelle près Auray , nous ont été si agréables que nous vous l'avons bien voulu témoigner , et dire qu'ayant toujours eu une singulière dévotion pour cette Sainte , du nom de laquelle nous sommes honorée , nous prendrons aussi à contentement de protéger et favoriser le lieu où elle est particulièrement révérée , et que nous nous emploierons volontiers vers notre Saint Père , afin qu'il lui plaise accorder des indulgences aux personnes qui , à certains jours , visiteront votre église , pour y continuer leurs prières pour la santé et la prospérité du Roi , notre très-honoré Seigneur et époux. Ce que nous assurant que vous ferez de très-bon cœur , nous supplions la divine bonté de vous avoir , Révérends Pères , en sa sainte garde.

6 *

Ecrit à Saint-Germain-en-Laie, le 9 août 1638. ANNE. »

Cette lettre ne renfermait pas de vaines promesses. La Princesse en adressait une autre en même temps au Général des Carmes, à Rome, pour le prier de demander, en son nom, au Souverain Pontife, des indulgences en faveur d'une confrérie qu'elle voulait établir pour honorer sa patronne. (1)

Le P. Séraphin de Jésus, que nous avons vu s'intéresser si vivement à la fondation de Sainte-Anne, résidait alors à Paris et était connu à la cour. Il voulut profiter des dispositions bienveillantes où la joie mettait les esprits, et fit la demande au Roi d'une insigne relique que l'on pût porter avec pompe dans les principales cérémonies. La chapelle royale en possédait une très-considérable apportée d'Orient et authentiquée par un Simon, patriarche de Constantinople, sous la date de 1232 : elle était enchâssée dans un cristal de roche garni en argent. Le pieux Roi consentit à en faire le sacrifice.

___

(1) C'était quelques jours après, le 15, que Louis XIII mettait, par un vœu solennel, sa couronne et son royaume aux pieds de la sainte Vierge, et que la Reine mettait au monde, le 5 Septembre 1638, ce Louis-Dieudonné, dont le règne de 60 ans devait porter le nom français si haut dans tous les genres de gloire.

Il chargea donc le duc de Rohan-Mont-
bazon , gouverneur de Paris , et le comte
de Nogent , capitaine de ses gardes , de la
remettre au P. Séraphin : et lui-même voulut
écrire aux Carmes de Sainte-Anne pour leur
promettre sa protection , dont la relique
serait le gage , et à l'Evêque de Vannes ,
ainsi qu'à la commune d'Auray , pour leur
recommander de recevoir un tel trésor avec
toute la solennité convenable. La translation
eut lieu le 1.er juillet 1639.

La sainte relique, remise par le P. Séraphin
entre les mains de l'Evêque , fut déposée
par un Grand-vicaire , la veille de la fête ,
dans une chapelle de Saint-Fiacre , aux
portes d'Auray. Elle fut de là portée en
grande pompe dans la chapelle Notre-Dame ,
où beaucoup de religieux passèrent la nuit
en prières. Une multitude d'étrangers en-
combraient dès lors la ville , de sorte que le
lendemain matin , quand , au point du jour ,
toutes les cloches de la ville eurent donné le
signal aux paroisses voisines, on vit se déve-
lopper une foule innombrable qui se forma
dans l'ordre suivant :

En tête, toutes les bannières des paroisses :
puis les tambours et les trompettes jouant
alternativement , et toute la bourgeoisie

d'Auray sous les armes. Venait ensuite un orchestre de hautbois du Poitou, conduisant une compagnie de jeunes garçons habillés en anges. Le premier de ceux-ci portait un drapeau, et les autres des guidons blancs ornés de fleurs-de-lis et de branches de laurier. Suivait une grande bannière où l'on voyait d'un côté saint Joachim et sainte Anne, avec la sainte Vierge, de l'autre, les armes de France écartelées d'Autriche, sur un fond semé de fleurs-de-lis et d'hermines. Puis un nouvel orchestre guidait un chœur de jeunes filles toutes de même âge ; elles étaient vêtues de robes blanches, portaient sur la tête des couronnes de fleurs enrichies de perles, d'où descendaient de longs voiles blancs, et tenaient un cierge d'une main et de l'autre des fleurs. Les croix des paroisses, les corps religieux, les chantres, les acolytes, les nombreux thuriféraires précédaient immédiatement la sainte Relique. Elle était portée dans une niche dorée, d'un élégant travail, par les Prieurs des Carmes de Rennes et du Bondon. Venait enfin le Clergé revêtu des plus riches ornements sacerdotaux. Les notables de la province suivaient le Grand-vicaire et fermaient la marche.

Avant de quitter Auray, l'officiant, suivant l'usage du pays dans les réjouissances publiques, alluma sur la place un grand feu de joie qui fut accueilli par mille décharges de mousquets et de pierriers, les roulements des tambours, les fanfares des trompettes et les acclamations universelles.

L'ordre, un peu interrompu hors de la ville, fut repris à l'extrémité de la lande. On aperçut alors, venant du côté de la chapelle, l'heureux vieillard Nicolazic, accompagné des habitants du village. Il portait la grande bannière qu'il avait fait faire dès le principe. On y voyait, sur un fond de velours cramoisi brodé en or, d'un côté l'image du crucifix, de l'autre celle de sainte Anne; de petites clochettes, au son argentin, se balançaient à ses riches dentelures. A droite et à gauche flottaient de petits guidons blancs; mais les yeux ne se portaient que sur le bon vieillard, ravi au-delà de tout ce qu'on peut dire, de voir se réaliser ainsi, au niveau de tous ses désirs, ce qui si long-temps ne lui avait paru qu'un rêve.

On arrive : contre la façade de la chapelle avait été pratiquée une haute estrade où s'élevaient un trône et un autel. C'était là que l'Évêque attendait la sainte Relique : il la plaça lui-même sur l'autel et fit lire à haute voix la lettre du Roi et les lettres authentiques. Celle du Roi était ainsi conçue :

« Monsieur l'Evêque de Vannes, la vie et les actions des Pères Carmes réformés étant si exemplaires que tous les lieux où ils sont en reçoivent beaucoup d'édification, j'ai été bien aise d'apprendre que vous les avez établis dans l'église de Sainte-Anne, près Auray, dont je vous sais d'autant plus gré, que j'ai toujours eu une dévotion particulière à cette grande Sainte, à l'intercession de laquelle j'attribue beaucoup de grâces et assistances que j'ai reçues de Dieu. En reconnaissance de quoi, j'ai dédié une notable relique de cette même Sainte à ladite église de Sainte-Anne, près Auray, afin que ce soit un gage perpétuel et une marque de mon affection. Je me promets de votre piété, qu'en secondant mes bonnes intentions, vous ferez recevoir cette relique avec la décence requise, à laquelle il me semble convenir que vous fassiez célébrer les prières des quarante heures. Sur ce, je prie Dieu, etc.

Ecrit à Saint-Germain-en-Laie, ce 12.ᵉ jour d'avril 1639. Louis. »

Après la messe solennelle, tous ceux qui formaient la procession trouvèrent un grand repas au couvent. De vastes tentes avaient été préparées dans la plaine pour la foule. A l'issue des vêpres, la fête se termina par un nouveau feu de joie, allumé au bruit des trompettes et des tambours qui se mêlait du haut de la tour au son des cloches. Toute la soirée, on lança de cette hauteur des feux d'artifice qui éclairaient au loin le retour des pélerins. Le souvenir de cette brillante fête resta long-temps gravé dans l'esprit des peuples.

CHAPITRE IV.

Bulle d'Urbain VIII. — Institution de la Confrérie royale de Sainte-Anne.

Desservi par de bons religieux, enrichi de précieuses reliques, assuré de la protection du Souverain, le pélerinage ne laissait plus à désirer que l'érection d'une confrérie où l'on pût gagner des indulgences, en honorant sainte Anne par une pratique plus parfaite des vertus chrétiennes. Tel est, en effet, le seul but de ces associations religieuses contre lesquelles l'esprit philosophique a tant déclamé par haine ou par ignorance. Assurément il est aussi juste de former des associations pour la vertu que d'en former pour l'intérêt ou le plaisir ; et l'homme isolé, qui sent sa faiblesse, agit sagement quand il se rapproche de ceux qu'il connaît meilleurs.

Excité à la vertu par l'émulation, pressé par des engagements plus étroits, et secouru de grâces plus puissantes, parce qu'il est aidé de plus nombreuses et de plus ferventes prières, il remplit nécessairement avec plus d'exactitude les devoirs de son état, et ajoute ainsi à son bonheur et à celui des autres.

La demande faite par la Reine en 1638 ayant été renouvelée, au nom du Roi, par le maréchal d'Estrées, son Ambassadeur extraordinaire, le Pape Urbain VIII fit paraître la bulle désirée sous la date du 22 septembre 1638, la seizième année de son pontificat. Il y accorde à perpétuité trois indulgences plénières, pour le jour de l'admission, le jour de la fête, et l'heure de la mort ; 7 ans et 7 quarantaines pour les fêtes de l'Ascension, de la Pentecôte, de la Trinité et du Saint-Sacrement, et 60 jours pour chacune des bonnes œuvres des confrères.

INTÉRIEUR DE L'ÉGLISE DE Ste ANNE

En envoyant cette bulle à l'Evêque de Vannes, la Reine se montrait avide d'en profiter : « Cette dévotion, lui dit-elle, me sera si agréable, que j'en favoriserai volontiers l'accroissement par la singulière protection en laquelle je la prendrai. »

La confrérie fut érigée par Mgr de Rosmadec, le 15 février 1641, et son décret fut aussitôt publié dans les diocèses voisins, en particulier dans ceux de Tours, de Saint-Paul-de-Léon, de Cornouailles, de Saintes et de Tréguier.

D'après les statuts, chaque associé devait, deux fois par jour, prier la Sainte devant son image, communier tous les ans dans l'octave de sa fête, et dans ceux de Noël et des Morts, et s'efforcer d'imiter dans sa conduite les vertus de sa protectrice.

La communauté devait en particulier célébrer des messes pour les confrères vivants dans l'octave de Sainte-Anne, pour les confrères décédés dans celui des Morts, et pour les uns et les autres le premier mardi de chaque mois.

Mais hâtons-nous d'avertir ici que plus tard ces statuts ont dû être et ont été modifiés en raison des changements survenus. Ainsi, d'après un règlement tracé par Mgr de Bausset, le 26 janvier 1815, pour annuler et remplacer le précédent, les associés sont seulement astreints aujourd'hui, pour gagner les indulgences, à réciter chaque jour une petite prière en l'honneur de sainte Anne, et les desservants de la chapelle à réciter les litanies de la Sainte tous les jours, à la fin de la dernière messe, devant son autel, son image et ses reliques, et le dimanche avant la bénédiction du Saint-Sacrement; à célébrer une messe le premier lundi du mois pour les confrères défunts, à porter la statue ou la relique en procession la veille de la fête, et à prier, ainsi que les confrères, pour le Roi, sa famille et la prospérité de l'état.

Le décret de M.gr de Rosmadec ne fut pas plus tôt connu qu'on vint en foule se faire inscrire. Fidèle à ses promesses, Anne d'Autriche voulut que son nom, écrit de sa propre main, figurât en tête du registre; et, par ses ordres, l'Evêque du Puy, son premier aumônier, et le marquis de Molac, précepteur des Enfants de France, y mirent auprès du sien celui de Louis Dauphin, depuis Louis XIV, et de Philippe d'Anjou, depuis duc d'Orléans.

L'exemple de la Reine entraîna sans peine

ce que la cour avait de plus distingué. On lit sur les premières pages les noms de la duchesse Nicole de Lorraine, qui venait d'être injustement répudiée et dépouillée de ses états par son mari Charles IV; celui de Charlotte de Montmorenci, mère du grand Condé; ceux de Claire d'Enghein, d'Anne de Bourbon, Mademoiselle; des duchesses d'Elbeuf, d'Usez, de Montbazon, de Cossé-Brissac, etc.; des comtesses d'Egmont, de Saint-Paul, de la Guiche, de Schomberg, etc.

L'infortunée Reine d'Angleterre, Henriette-Marie, fille de Henri IV, sœur de Louis XIII et épouse de Charles I.er, voulut aussi s'inscrire de sa main en passant par Sainte-Anne, aussi bien que sa fille Henriette-Anne, duchesse d'Orléans. Ce sont ces mêmes Princesses qui ont inspiré, l'une par la longue persévérance de ses malheurs, l'autre par la rapidité de sa mort au milieu d'une cour dont elle faisait les délices, de si admirables paroles au grand Bossuet.

La noblesse vint après la cour, et toutes les classes de la société ont continué de se confondre sur les registres de la confrérie jusqu'à ces derniers temps, où nous avons vu s'aggréger les derniers descendants d'Anne d'Autriche.

Il serait impossible de citer tant de noms connus (1). Il le serait presque également de dire les noms de ceux qui, sans entrer toujours dans la confrérie, ont laissé à la chapelle des gages de leur confiance en sainte Anne.

Il faudrait mettre en tête des bienfaiteurs les rois Louis XIII et Louis XIV, qui accordèrent à diverses reprises des lettres d'amortissement, avec dispense des indemnités féodales.

En 1651, on voit la duchesse d'Orléans, Marguerite de Lorraine, faire remettre, par le Prieur de Noirmoutier, un bas-relief en argent qui représentait un jeune enfant offert par sainte Anne à la sainte Vierge et à l'enfant Jésus, et recevant de leurs mains une couronne de diamants. C'était en exécution d'un vœu qu'elle avait fait faire par le même Religieux, et pour remercier le Ciel de la naissance du duc de Valois.

(1) Nous indiquerons seulement les présidents du Parlement de Bourgneuf, Cornulier, Visdelou, de la Goublaie, le Meneut de Bréquigny, Barbeuf de Blaison, etc.; les conseillers du Guesclin, de Dreux, des Ferrières; l'écuyer du Roi, de Mathan, le grand-voyer de Dol, de Cleuz; les présidentes de Baud, de Brie, du Belloy, de Lanfernai; la duchesse de Vitri, la maréchale de la Châtre, Isabelle d'Etampes, et la célèbre marquise de Sévigné; les familles de Perrien, de Molac, de Montaigu, ds Birague, d'Argentré, de Cucé, de Villeneuve, d'Epinay, de Freté, de Derval, de Coëtlogon, de Cérizay, de Saint-Georges, de Maillé, de Pleuc, de Kersauson de Pentcoat, de Trégoët, de Lancouët, de Kergourn, du Halgouët, etc.

La pieuse épouse du Grand Dauphin fit un vœu semblable en 1682, pour obtenir un héritier de la couronne, et chargea la femme du Procureur-général au parlement de Bretagne d'offrir de sa part une riche lampe d'argent. Ce don fut reçu par M.gr de Vautorte, au milieu d'une fête magnifique ; et peu de temps après vint au monde ce duc de Bourgogne dont les vertus, formées à l'école de Fénélon, eussent pu donner à la France un demi-siècle de bonheur, si la Providence, dans ses impénétrables conseils, ne s'était contentée de le montrer à la terre.

Plus récemment encore, le 28 juin 1729, la vertueuse Reine Marie Leczinska envoya en son nom le P. Archange, prieur des Billettes, pour demander la naissance d'un Dauphin. Ses vœux furent exaucés, et la France allait retrouver l'élève de Fénélon dans le fils de Louis XV, s'il n'avait plu à la justice éternelle de le ravir à tant d'espérances. (1)

(1) On compte encore parmi les principaux protecteurs ou bienfaiteurs du couvent, outre M. de Kerloguen, le conseiller de la Tour-Gazet, l'avocat au parlement Ruffaut de Kervengu ; les dames Marie Huby et Françoise Boullé ; les sires de la Bégassière, de Beaumanoir, du Cambout, de Kerloury, et surtout le comte Talhouet du Bois de la Roche, pour lequel fut bâtie, par reconnaissance, la chapelle de Saint-Roch, aujourd'hui du sacré Cœur.

Parmi les bienfaiteurs de l'église qui ont offert des ornements d'autel en

Les Souverains Pontifes continuèrent, de leur côté, de répandre sur les pèlerins les faveurs de l'Église. Innocent X, Alexandre VII et Innocent XI accordèrent successivement des grâces temporaires : plus tard l'on obtint de Clément XII, en 1739, une indulgence plénière le jour de Sainte-Anne pour tous les pèlerins, et un autel privilégié tous les jours pour les âmes du purgatoire (1). Benoît XIV confirma par une nouvelle bulle, en 1747, celle d'Urbain VIII, et fit assigner, par l'Evêque M.gr de Berlin, 4 fêtes où les associés pussent jouir des mêmes indulgences que le jour de Sainte-Anne : ce sont celles de saint Yves, le 19 mai ; de saint Louis, le 25 août ; de la Translation de saint Vin-

damas, en satin, en velours, en brocard d'or et d'argent, et des vases, des candélabres, des croix, des lampes, des couronnes, des colliers, etc., d'or ou d'argent, incrustés d'émail ou enrichis de pierreries, de perles et de diamants, on peut remarquer les des Aubrais, de Carné, de Maillé-Brézé, de Brou, du Plessis de Rais, de Keramon, de Keraliou, de Crissé, de Kergoumar, de Clisson, de Kerdanot-Coroller, du Pourpri, de la Marqueraie de Kertanguy, de Trécesson, de Bruc, de la Haie du Couëdic, de la Porte, de Lannoë de Kerquélen, de la Prévalaie, de Roscoat d'Armentières, de Berthelot, de Château-Dallis, lady Dalmana, le président de Maincuf, etc., etc.

(1) Ce privilége est attaché à chaque messe dite spécialement en faveur d'une âme décédée ; c'est une indulgence plénière, c'est-à-dire, qui suffit en elle-même à une pleine rémission des peines canoniques, ou à une entière délivrance du purgatoire, autant qu'il appartient à l'église, qui n'a qu'un pouvoir de suffrage et non de juridiction à l'égard des morts.

cent-Ferrier, le 6 septembre, et de saint Michel, le 29 du même mois. Enfin Clément XIV ajouta à tous les priviléges précédents, par sa bulle du 20 novembre 1769, de nouvelles indulgences plénières pour les fêtes de Noël, de l'immaculée Conception, de la Nativité de la sainte Vierge, de saint Joachim et pour le quatrième dimanche de chaque mois.

Nous nous sommes plu, dans ce chapitre, à rappeler les hommages rendus à sainte Anne par les grands de la terre : non sans doute que l'éclat des dignités ou de la fortune soit par lui-même un titre devant Dieu ; qu'importent les noms à celui qui tient la balance où sont pesées les choses ? Mais parce qu'il est glorieux pour les Saints de compter parmi leurs clients ceux qui servent aux autres d'appui, et parce que l'exemple est plus édifiant quand il descend de plus haut. Ces hommages d'ailleurs nous font mieux connaître l'étendue de la vénération publique dont ils sont l'expression.

Mais, hâtons-nous de le dire, de tous les honneurs que sainte Anne a jamais reçus dans son sanctuaire, les plus agréables à ses yeux ont été ceux des Saints. Combien d'âmes pures et dignes de son amour se sont pressées dans tous les temps autour de son autel ? Combien ont dû à sa protection ces grâces de choix bien autrement précieuses que des guérisons corporelles, qui font faire des pas de géant dans les voies de Dieu ! Mais la plupart d'entre elles sont restées ignorées des hommes ; le plus souvent elles se sont ignorées elles-mêmes. Elles étaient de ceux dont le Sauveur a dit : je vous bénis, mon père, car les mystères que vous avez laissés cachés aux sages et aux prudents, vous les avez révélés aux simples.... La privation des qualités qui brillent, les habitudes d'une condition obscure, l'isolement, les souffrances enveloppaient comme d'un voile la beauté de leur innocence et la ferveur de leur amour ; mais le regard de Dieu a percé ce voile : il a suffi à leur bonheur.

Pour tous ceux dont les vertus ont jeté le plus d'éclat en Bretagne, depuis le commencement du 17.ᵉ siècle, nous trouvons qu'ils se sont signalés par leur dévotion pour le pélerinage de Sainte-Anne.

Ainsi le vénérable Grangier de Liverdis, Evêque de Tréguier ; M. Eudo de Kerlivio, grand-vicaire, fondateur de la maison de retraite des hommes à Vannes ; le P. Thibault, fondateur de la réforme des Carmes

de la province de Touraine ; M. Ollier,
fondateur de la Congrégation de St.-Sulpice
qui dirige, avec tant de zèle et de succès,
les séminaires de plusieurs grands diocèses ;
l'abbé de l'Ile, la providence des pauvres ;
le P. Maunoir, héritier du zèle et des travaux de M. le Nobletz, et qui a semblé donner
un nouveau Vincent-Ferrier à la Bretagne ;
les PP. Huby et Rigoleux, directeurs éclairés
des consciences, attachés au collège de Vannes, qui nous ont laissé des ouvrages pleins
d'onction : tous allaient à Sainte-Anne puiser cette piété tendre et généreuse, cette
surabondance de charité et ce besoin de
glorifier Dieu qui en a fait des hommes puis-
sants pour la conquête des âmes.

Ainsi voyons-nous accourir aux pieds de
notre Sainte ces femmes fortes dont la mémoire est restée en bénédiction dans la contrée : M.elle de Francheville, fondatrice de
l'église des Jésuites de Vannes et de la maison
de retraite des femmes. Elle faisait régulièrement tous les mois son pèlerinage à pied.
M.me du Houx de Fortans, si vénérée alors
dans toute la province à cause de ses lumières
pour la direction des âmes, et de son brûlant
amour des souffrances, qui la fit nommer
la fille de la Croix. Elle offrit, à la suite d'une

7 *

guérison miraculeuse, une couronne d'argent ornée d'un riche diamant monté en or. Enfin cette âme toute céleste qu'on a appelée *la Fille de l'Amour*, cette bonne Armelle, pauvre servante sans instruction, mais dont l'Esprit-Saint devint le maître, et qui confondait les plus habiles par la sublimité de ses vues dans les choses de Dieu.

Parmi les principaux serviteurs de sainte Anne, il en est deux dont le pélerinage conserve la dépouille mortelle, M. de Kériolet et le bon Nicolazic. L'un et l'autre réclament ici de nous une mention particulière.

CHAPITRE V.

Vertus et mort de Nicolazic. — Pénitence héroïque et mort de M. de Kériolet.

Nicolazic prouva par sa piété, jusqu'à la fin de sa vie, qu'il n'avait pas été indigné des hautes faveurs du Ciel. Les événements ne changèrent rien à la simplicité de ses habitudes ; et, loin de se laisser éblouir par l'espèce d'éclat qui l'entourait à Sainte-Anne, où les pélerins, surtout les plus distingués, se montraient empressés de le voir et de l'entendre, jamais, au contraire, il n'éprouva plus d'attrait qu'alors pour la tranquillité d'une vie inconnue du monde. Ce fut, en effet, le seul désir de se soustraire à ces marques de considération qui l'engagea à quitter le voisinage du couvent, malgré les offres obligeantes et les pressantes sollicitations des Carmes, pour se retirer dans une petite métairie qu'il possédait à Pluneret. Là, ses jours se passaient, comme autrefois, partagés entre la prière et le travail des champs : seulement de temps à autre, il allait visiter sa bonne maîtresse. Les religieux lui tenaient une cellule réservée et le traitaient en toutes choses comme un membre de leur famille.

Aussitôt qu'ils le surent frappé de la maladie qui l'enleva en six jours, ils le firent transporter sur un brancard dans leur infirmerie. Là, il reçut leurs soins assidus avec une reconnaissance qui s'exprimait souvent par des larmes. La prière favorite qu'il répétait à tout instant dans ses douleurs, était celle du Sauveur au jardin des Olives : *mon Dieu, que votre volonté soit faite.* Ayant reçu les derniers Sacrements avec de grands sentiments de piété, il parut entrer en agonie.

Son confesseur lui suggérait les derniers actes du chrétien et n'attendait plus que son dernier soupir, quand tout à coup l'on voit son visage, à moitié glacé par la mort, rayonner d'une sainte joie. Ses yeux se fixaient devant son lit et paraissaient ravis du plus doux spectacle.... On le presse de parler, de dire ce qu'il regarde : *voici la sainte Vierge*, répond-il, *et Madame sainte Anne, ma bonne maîtresse.*

Le confesseur eut alors la pensée d'ajouter une nouvelle garantie à la certitude où l'on était déjà de ses révélations. Il court à l'église et porte avec respect, auprès du mourant, la statue miraculeuse : eh bien, mon frère, lui dit-il, en la lui montrant, sur le point de paraître devant Dieu, êtes-vous prêt à confirmer tout ce que vous avez tant de fois déclaré ? — Oui, répartit Nicolazic. — Et maintenant, ne sentez-vous pas envers sainte Anne la confiance que vous avez toujours témoignée, et n'êtes-vous pas bien aise de mourir aux pieds de son image, en reconnaissance des grâces qu'elle vous a obtenues pendant la vie ? — Oui, répondit-il encore. Le Père, ajoutant que le moment était venu, lui dit de baiser les pieds de la Sainte, en témoignage de sa confiance.

Il obéit avec des marques sensibles de dévotion ; et au même instant il rendit son âme à Dieu. Sa mort arriva le 13 mai 1645, vers midi, à l'âge de 63 ans, vingt ans après la découverte du Bocenno. Il fut enseveli, avec la solennité d'usage à l'égard des religieux, devant le pilier qui sépare la chapelle de la sainte Vierge de celle de sainte Anne, à peu près dans l'endroit où fut trouvée l'image. Nicolazic ne laissa qu'un fils, qui fut élevé par les Carmes et promu dans la suite aux ordres sacrés. Instruit et zélé, il fut choisi par le P. Rigoleuc pour collaborateur dans les missions de campagne.

A l'époque où Nicolazic finissait sa pieuse carrière à Sainte-Anne, on y voyait, depuis quelques années, un des modèles de pénitence les plus extraordinaires dont il soit fait mention dans les annales de l'église.

Pierre le Gouvello de Kériolet, né à Auray, d'une famille honorable, laissa paraître, dès ses premières années, ce génie de feu et ces passions bouillantes qui annoncent une âme faite pour les extrêmes. Malheureusement, malgré les soins de ses vertueux parents, cette activité impétueuse, mise en jeu de bonne heure par des amis pervers, ne se développa que pour le mal ; l'orgueil de son courage, son libertinage effronté, son mépris de toute convenance et de tout danger en vinrent à une sorte de folie. Ce n'est pas ici le lieu de retracer ses dérégle-ments, qui firent long-temps l'affliction de sa famille et le scandale de la province; qu'il suffise de dire qu'après avoir volé son père et essayé de se rendre en Turquie pour abjurer le christianisme, devenu néanmoins conseiller au parlement de Bretagne, la pourpre ne servit qu'à protéger les débor-dements de sa vie. Il semblait ne pouvoir s'occuper que de deux pensées, l'une et l'autre monstrueuses : c'était d'ôter la vie en duel aux hommes qu'il lui plaisait d'in-sulter, ou de ravir aux femmes un trésor plus précieux que la vie, l'honneur. Le délire de son impiété devint tel, qu'une nuit, impatienté d'entendre le roulement du ton-nerre qui semblait menacer sa demeure, et qui tomba réellement sur son lit, il se leva de sang-froid, ouvrit sa fenêtre, et, par une sorte de défi au Tout-puissant, il dé-chargea ses pistolets contre le ciel.

Mais telle est la magnificence de la divine miséricorde, qu'elle se plaît à faire *sur-abonder la grâce où le péché avait abondé.* Un moment avait suffi pour faire de Saul, persécuteur d'Étienne, le vase de choix de Jésus-Christ : un moment suffit aussi pour transformer en un admirable pénitent l'homme le plus dépravé de son siècle.

Kériolet s'était rendu à Loudun, et toujours roulant en son cœur des projets infâmes, lorsque la Providence permit qu'il passât devant l'église de Sainte-Croix, où les possessions des Ursulines, qui ont tant intrigué l'Europe, attiraient aux exorcismes un grand concours de peuple. Sans entrer ici dans la discussion de ce procès, nous ferons seulement remarquer qu'il a fallu que les événements eussent un caractère fort extraordinaire, pour changer subitement une âme de la trempe de celle de Kériolet, qui faisait depuis long-temps profession de ne rien croire. Il est certain que, confondu au récit qui lui fut fait de ses crimes et de choses, dit-il lui-même, dont nul homme au monde ne pouvait avoir connaissance, il se sentit transformé en un autre homme, et résolut de proportionner les rigueurs de sa pénitence à l'excès de ses désordres.

De retour dans son château de Kerloi, à une lieue de Sainte-Anne, il commença par une rupture ouverte avec le monde, afin de s'appliquer tout entier, sous la conduite des Carmes, à la seule science indispensable ici-bas, et la plus ignorée, celle du salut. Sentant au-delà de ce qu'on peut dire, la vanité de tout ce qui ne conduit pas à Dieu ; pénétré de reconnaissance pour la bonté divine qui lui offrait son pardon, et de douleur de l'avoir aussi long-temps et aussi profondément affligée, rien n'eût pu modérer son indignation contre lui-même. Il lui fallait, à tout prix, prévenir à son égard la justice de Dieu et la venger avec éclat. Sa résolution fut donc prise, et il la confirma par un vœu exprès, de faire jusqu'à la fin de ses jours, en esprit de pénitence, le plus de bien à son prochain, et à son corps le plus de mal qu'il pourrait. Résolution effrayante qui était loin d'être l'effet exagéré d'une ferveur passagère, puisqu'elle fut exécutée avec un courage et une persévérance au-dessus des forces humaines.

A partir de ce moment, on le vit étudier ses moindres inclinations pour les sacrifier avec le même soin qu'il avait mis jusqu'alors à les satisfaire. Il avait aimé avec passion la société et les hommes du monde, la richesse des équipages, l'élégance des vêtements, le soin de sa personne ; il ne goûta plus que la solitude et l'oubli et n'eut plus de rapport qu'avec les religieux qui lui parlaient de Dieu, ou les pauvres, auxquels il en parlait à son tour. Pauvre lui-même, au milieu des richesses, il ne voyagea plus qu'à pied, usant du linge le plus grossier, couvert des plus méchants habits, et si négligé dans toute sa personne, qu'il eut presque à chaque pas l'occasion de jouir des mépris qu'il recherchait. Si sensible auparavant à ce qui touchait le point d'honneur, il savourait les outrages de manière à éprouver de la reconnaissance envers ceux qui l'aidaient, disait-il, à dompter son orgueil. Pour expier ses criminels plaisirs, il se condamna, dès sa conversion, à un jeûne de trois ans, au pain et à l'eau, et poussa la rigueur de ce jeûne jusqu'à ne prendre de nourriture que tous les trois jours.

Durant le reste de sa vie, il ne voulut jamais user que des aliments des pauvres ; encore se reprochait-il, pour ainsi dire, le mauvais pain noir qu'il mangeait en le mouillant de larmes. A tous les voyages qu'il avait faits par des motifs coupables, il voulut opposer de saints pèlerinages, dans l'espoir d'y obtenir de la divine miséricorde un plus entier pardon de ses crimes. On le vit se rendre, à diverses reprises, à Liesse, à Monserrat, à Milan, à Compostelle, à Rome, et en tant d'autres endroits que l'historien de sa vie, qui vécut dans son intimité, fait monter à 25,000 lieues les distances parcourues dans ces voyages. Ce qui surprendra bien davantage encore, si l'on songe qu'il les fit toujours à pied, et ordinairement en demandant l'aumône, quoiqu'il la donnât en même temps aux véritables pauvres. Dire tout ce qu'il eut à souffrir des saisons, des lieux et des hommes, serait chose impossible. A la faim et à la soif, aux injures et aux coups, au coucher sur la dure, même sur la neige, et habituellement dans les étables, se joignaient de cruelles attaques de goutte et de mortifications de son choix, en particulier des pointes de clous qui traversaient sa chaussure, et sur lesquelles il appuyait exprès ses pieds ensanglantés. Ces intolérables douleurs ne l'empêchaient pas de faire ordinairement dix lieues par jour, encore trouvait-il le temps et la force de prier à genoux jusqu'à sept ou huit heures entières, comme il en avait fait vœu pour sept ans ; il passait même jusqu'à dix heures consécutives dans cette gênante posture quand il était plus libre. Au reste ces pieuses cruautés envers lui-même, que nous offrons à l'admiration plutôt qu'à l'imitation des fidèles, ne diminuaient en rien sa tendre compassion pour les souffrances des autres. Dès le commencement de sa conversion, il vendit sa charge : le produit, ainsi que le reste de ses biens, ne fut plus à lui, mais aux pauvres, et son château se transforma en un hospice, dont il ne s'estimait que le portier. Il faisait plus, il allait chercher dans les campagnes les malades et les mendiants ; et si les forces leur manquaient, il s'estimait heureux, à l'exemple du bon Pasteur, de les porter sur ses épaules ; ou, si la distance des lieux était trop forte, imitant le Samaritain compatissant, il les confiait à quelque villageois du voisinage et pourvoyait généreusement à toutes les dépenses.

On comprend qu'une telle charité dut faire affluer chez lui la foule des malheureux ; loin d'en rebuter aucun, les jours où le nombre augmentait étaient ses jours de fête. Il allait au-devant d'eux, les prenait par la main, et les fournissait de linge et de vêtements, jusqu'à se dépouiller du nécessaire. C'était de ses propres mains qu'il leur servait à manger, ne prenant jamais rien lui-même qu'après tout le monde ; il se contentait des restes. Ses pauvres étaient-ils malades ? c'était encore lui qui les soignait ; plus leurs plaies étaient révoltantes, plus il redoublait ses soins : c'était alors que, surmontant avec énergie ses répugnances naturelles, il les embrassait avec une effusion de tendresse qu'ils ne pouvaient comprendre. Pour les familles honteuses, les jeunes personnes sans dot et sans avenir, il prévenait leurs demandes avec une délicatesse qui donnait mille fois plus de prix à ses secours. Enfin ses aumônes étaient telles, selon les calculs des témoins oculaires, que sur cinquante mille fagots de bois dont il faisait provision chaque année, à peine en brûlait-il quinze pour ses propres besoins ; et que de ses rentes, qui étaient fort considérables, à peine dépensait-il une centaine de livres pour son usage : tout le reste allait à ses pauvres.

La compassion serait trop peu chrétienne, si elle s'arrêtait aux soins de la vie matérielle. Kériolet voyait surtout dans les malheureux des esprits à éclairer, des cœurs malades à guérir et à consoler. Cédant aux instances de son Evêque, il fut promu aux ordres sacrés, et consacra tout son ministère aux pauvres, car les riches, disait-il, ne manqueront jamais de secours ; mais les pauvres ont moins d'amis. Sa grande occupation était de leur apprendre à adorer la main divine quand elle frappe, à supporter les douleurs en les unissant aux souffrances de Jésus-Christ, à sortir surtout de l'état affreux du péché dont la contagion envenime tous les autres maux, et à faire de la vie une préparation à la mort. Tous les soirs, il conduisait les convalescents à la chapelle voisine de Notre-Dame de miséricorde ; et là, par des instructions familières et touchantes, il triomphait des cœurs les plus rebelles. C'était par de telles œuvres que le courageux pénitent espérait racheter des fautes dont le souvenir le faisait toujours frissonner. Comment le Dieu bon, dont le propre est de pardonner, lui eût-il refusé la miséricorde que lui-même il exerçait envers les autres ?

Nous nous sommes un peu étendus sur la pénitence de Kériolet, parce que, si la gloire de sa conversion est due, après Dieu, à la très-sainte Vierge, qu'il n'avait jamais cessé d'honorer par un *Ave Maria* au milieu de ses égarements, la gloire de sa persévérance doit sans doute rejaillir sur sainte Anne, à laquelle il fut si dévot.

Le don considérable de terres qu'il fit au couvent, et auquel on doit une grande partie de l'enclos, prouva dès le commencement ses sentiments envers notre Sainte. Quand il habitait son château, il venait régulièrement passer au pélerinage tous les mercredis et les samedis, et il faisait à la porte de l'église d'abondantes distributions d'aumônes. C'est à sainte Anne qu'il conduisait les pécheurs : il adressait les plus difficiles aux Carmes, et se chargeait des autres. Quand il lui arrivait de ne pouvoir faire le voyage, il ne manquait pas de monter au haut de son château pour découvrir la tour, se prosterner et se mettre en prière. Il racontait lui-même qu'une des plus furieuses attaques qu'il eût éprouvées de la part de l'esprit tentateur depuis sa conversion, lui étant arrivée dans un de ses pélerinages de Sainte-Anne, ce fut à l'invocation de la Sainte qu'il lui sembla devoir sa délivrance. Sa dévotion pour sainte Anne lui faisait ardemment souhaiter de finir ses jours à l'ombre de ses autels : c'est à cela qu'on attribuait la peine sensible qu'il laissait paraître dans ses dernières années, quand il fallait s'éloigner du sanctuaire ; le Ciel ne voulut pas lui refuser une consolation si bien méritée.

Ce fut pendant une nuit du mardi au mercredi qu'il se trouva atteint de l'esquinancie qui devait l'emporter. Habitué à faire peu de cas de la douleur, il n'en voulut pas moins entreprendre son voyage accoutumé; mais il fallut céder au mal. Ses efforts furent également inutiles les deux jours suivants; enfin le samedi, son jour privilégié, il retrouva assez de force pour se mettre en marche et faire une dernière fois son bien-aimé pélerinage. Il fut obligé de s'arrêter de temps en temps dans le chemin, et le fit surtout à la chapelle de Sainte-Brigitte, à un quart de lieue du couvent, où il pria avec la confiance et la tendresse qu'il avait toujours eues pour une des Saintes qui ont le plus aimé la sainte Vierge et sa mère. S'étant enfin traîné jusqu'à Sainte-Anne, avec une peine infinie, il ressentit, en entrant dans l'églige, une grande consolation de pouvoir mourir dans un lieu si saint. Le mal parut un moment diminuer, mais il reprit bientôt de manière à ne plus laisser d'espérance. Cependant, ce qui causait une affliction universelle, était un sujet de joie pour sa ferveur. Qu'est-ce que la mort peut avoir de triste pour le cœur détaché de ce qui n'est pas Dieu? La mort était à ses yeux le moment désiré où devaient tomber ses chaînes : aussi l'appelait-il avec l'impatience du voyageur accablé de lassitude qui s'approche de ses foyers. Dans ses désirs embrasés, les heures lui étaient des jours : *ô que mon exil est long en cette terre,* s'écriait-il comme le Prophète! *quand irai-je? quand paraîtrai-je devant mon Dieu?* Il vint à se souvenir d'un religieux de ses amis, qui n'avait été que quatre à cinq jours malade ; *et moi,* dit-il, *et moi, je ne finis pas!* Si l'on cherchait à le rassurer sur le danger, *oh! non, il est temps de mourir,* reprenait-il ; *il est temps de mettre fin au péché. Il vaut mieux mourir que de vivre plus long-temps, quand je ne devrais commettre, en vivant encore, qu'un seul péché véniel.* Le huitième jour de sa maladie, il reçut les Sacrements avec une vivacité de foi et de piété qui attendrit tous les religieux rassemblés autour de lui. Les égarements de sa jeunesse lui revenaient sans cesse à l'esprit et changeaient ses yeux en sources de larmes.

Il se reprochait d'avoir trop faiblement aimé le meilleur des pères, après le pardon de tant de crimes. Pourtant sa confiance, achetée par tant de sacrifices, l'emportait sur tout autre sentiment, et il se livrait sans réserve à l'espoir de posséder bientôt son Dieu, sans craindre de le perdre jamais.

La Providence, pour achever sans doute

d'épurer cette âme courageuse, permit qu'elle passât par une agonie dont les crises étaient si douloureuses et si violentes qu'il lui échappait de s'écrier : *quelle agonie, mon Dieu! mon Dieu, un peu de relâche!* Mais il ne tardait pas à se reprocher la seule apparence d'une plainte ; son amour, qui semblait s'enflammer davantage dans les ardeurs de la souffrance, éclatait en généreux élans vers la bonté divine ; il s'applaudissait d'avoir quelque offrande de pur amour à faire à son Dieu et d'être, disait-il, attaché sur la croix avec son Sauveur. Le moment venu, on le vit étendre les bras en forme de croix, comme une victime volontaire, attendant le sacrificateur ; et, ses yeux s'élevant doucement vers le Ciel, qui allait s'ouvrir pour le recevoir, il s'endormit du sommeil des justes. Sa mort arriva le 8 d'octobre 1660, jour de Sainte-Brigitte, onze jours après celle de saint Vincent de Paul, son ami ; il était âgé de 58 ans.

Une des choses qu'il avait le plus désirées dans sa vie, était que son corps fût déposé dans la chapelle miraculeuse ; mais il n'osait se flatter d'obtenir une telle faveur : *il n'y aura sûrement pas de presse, disait-il, à donner la sépulture à un malheureux comme moi, et je serais trop heureux de trouver*

8

quelqu'un qui voulût me rendre ce dernier service par charité. Les Carmes se sentirent, au contraire, honorés de recueillir les cendres d'un bienfaiteur et d'un ami, dans lequel la voix publique et, dit-on, celle des miracles, leur faisait voir un élu. Il fut enterré au pied du grand-autel.

Sur le marbre de sa tombe, on lit cette courte épitaphe :

CI-GÎT PIERRE DE KÉRIOLET,

CONQUÊTE DE MARIE ;

IL EN FUT LE FIDÈLE ET ZÉLÉ SERVITEUR.

On conserve à la sacristie son masque de cire, ainsi que quelques lambeaux de sa soutane, et son chapeau qui a la forme d'un cône tronqué.

CHAPITRE VI.

Révolution de 1792. — Restauration. — Révolution de 1830.

Il y avait plus de 160 ans que les Carmes, paisibles possesseurs de Sainte-Anne, y entretenaient la piété publique par les soins de leur ministère, en même temps que le dessèchement des marais, le défrichement des landes, tous les travaux où ils occupaient un grand nombre de bras, et les secours que les malheureux étaient sûrs de trouver auprès d'eux, contribuaient à maintenir dans les environs un état d'aisance et de prospérité. Le voyageur retrouvait sous leur toit l'antique hospitalité. « Je rendrai justice aux Carmes, écrivait l'un d'eux (1), leur maison réunit à tant d'autres avantages une décence et une honnêteté qui la rendent aussi respectable qu'elle est délicieuse ; aussi est-elle le séjour le plus ordinaire des provinciaux. Si la charité des fidèles a fait, dans le principe, toute leur fortune, et fait maintenant encore leur aisance, ils ne sont point ingrats ; ils savent rendre aux pauvres une grande partie de leur superflu ; et leurs aumônes, faites avec connaissance de cause, distribuées sans éclat par les mains des Recteurs des paroisses voisines, soulagent les nécessités des uns, sans flatter la paresse des autres, etc. »

Au moment où s'écrivaient ces paroles, en 1779, le jour n'était pas éloigné où, comme un volcan qui a long-temps couvé ses feux souterrains, la révolution française allait faire son éruption et engloutir en

(1) Voyez le dictionnaire hister. et géograp. de la Bretagne, par Ogée.

quelques années l'ouvrage des siècles. On doit dire, à la louange des Carmes, qu'au milieu de la licence générale, produite dans le dix-huitième siècle par les scandales de la cour, l'impiété et le cynisme de la littérature, leur régularité continua d'être aussi sévère que celle des Chartreux leurs voisins. Aussi, lorsque l'assemblée constituante eut fondé le schisme de l'église constitutionnelle, ils firent preuve de la fermeté que commandait la foi, à l'exception d'un seul qui donna le scandale de la faiblesse. Celui-ci n'eut pas long-temps à jouir du fruit de son apostasie. Poursuivi par le mépris universel, et plus cruellement sans doute par ses remords, il ne tarda pas à se voir dépossédé de tout par la Convention. Les autres restèrent cachés dans les environs, ou se retirèrent en exil, consolés par le souvenir du bien qu'ils avaient fait et soutenus par les promesses de l'Evangile en faveur de la vertu persécutée.

La chapelle et la maison tombèrent heureusement entre les mains de personnes d'une opinion modérée, qui tinrent à conserver les édifices. Tandis que la plupart des églises étaient transformées en magasins, en prisons, en écuries, celle de Sainte-Anne conserva son caractère religieux. Aussi, durant ces tristes jours, ne laissait-on pas d'y rencontrer des pélerins, quelquefois nombreux, qui venaient non plus se réjouir comme aux fêtes d'autrefois, mais pleurer sur les malheurs de la religion et de la patrie, et puiser dans la foi des forces nouvelles pour les nouvelles épreuves.

C'était ordinairement par les nuits les plus sombres qu'on s'y rendait, par petits groupes et en silence; car en même temps que la liberté était dans toutes les bouches, la terreur était au fond de toutes les âmes, et l'on eût expié le moindre acte religieux, comme en d'autres temps le plus grand des crimes. Mais, à la lueur pâle de la lampe, la prière, n'était pas moins fervente qu'au milieu de l'éclat des anciennes solennités. L'esprit de foi croissait avec les fléaux, la confiance en Dieu avec les dangers. On apprenait à souffrir et à mourir en chrétien, c'est-à-dire, tout ce qu'il y a de plus nécessaire à savoir et de plus sublime à faire. C'étaient les premiers fidèles réunis dans les catacombes.

A travers de tels orages, l'occasion de ravir le trésor ne pouvait échapper à la cupidité. Les diamants, tous les dons précieux disparurent. La statue si vénérée fut d'abord

8*

sauvée par de dignes habitants d'Auray, qui la cachèrent plus d'un an, en bravant la peine de mort. Ils se virent comme contraints plus tard de la porter au dépôt des objets d'église. On l'en tira pour la livrer aux flammes à Vannes; mais Dieu permit qu'elle ne fût pas entièrement détruite, et l'on voit aujourd'hui sous verre, dans le piédestal de la nouvelle statue, une portion considérable de la tête de l'ancienne sauvée par un habitant de Vannes. La présence d'esprit d'un vieux serviteur des Carmes, nommé Augustin, réussit à sauver encore quelques ornements, quelques vases sacrés et les tuyaux de l'orgue. Quant aux profanateurs, à en croire le bruit populaire, ils auraient tous éprouvé depuis le poids du sacrilège et fini misérablement.

La persécution étant devenue moins sanglante après la chute de la Convention, de toutes les paroisses voisines, on commença à se réunir ostensiblement le dimanche, à Sainte-Anne, pour chanter les vêpres. Enfin, après plus de dix ans de tyrannie des consciences, une aurore de liberté religieuse reparut à l'avénement du consulat. Tout reprit alors une face nouvelle. Aussitôt le concordat de 1801, Msr de Pancemont, se rendit aux désirs de la piété publique, en attachant deux chapelains au service du sanctuaire. L'un d'eux, le P. Blouët, était un ancien Carme du pays, devenu Provincial de son ordre à la Guadeloupe. Ses lumières, sa douce piété, ses longs et lointains travaux, soutenus pour l'évangile, lui concilièrent aisément la vénération et l'amour de la contrée. Ses soins rendirent aux autels dépouillés quelque chose de leur ancienne pompe, et firent en partie oublier au peuple ses maux récents en lui faisant revoir ses fêtes chéries. Il s'est éteint en 1815, plein de jours et de mérites.

Jusqu'à ce moment les vastes édifices étaient restés déserts ou loués aux particuliers du village. Il était digne du zèle de M. Deshays, qui venait de doter la ville d'Auray, dont il était curé, de plusieurs établissements utiles, de consacrer la maison de Sainte-Anne à un emploi plus conforme à sa première destination. Secondé par un généreux habitant d'Auray, M. Barré, il acheta la chapelle et la maison au nom de Mgr de Bausset, dans la pensée d'y fonder le petit-séminaire du diocèse.

A cette même époque, la Compagnie de Jésus, rétablie par Pie VII au sortir de sa longue captivité, commençait à s'introduire en France sous la sauve-garde du nouveau droit public. Le Prélat résolut de confier l'espérance de son diocèse à un ordre qui avait fait jadis fleurir, pendant un siècle et demi, le collége de Vannes. L'établissement commença en 1815, à la fin de la mission donnée à Auray par les PP. Thomas et Gloriot, et réussit à se faire quelque nom dans la province et au-delà, sous le rapport de la piété, des bonnes mœurs et des études. On vit accourir des élèves de toutes les parties de la Bretagne, du Maine, de l'Anjou et de la Touraine. Là un heureux mélange des différentes classes de la société apprenait de bonne heure aux enfants que le mérite est personnel, et que ce qui fait les premières et les plus vraies distinctions entre les hommes, c'est moins la naissance et la fortune que les vertus et les talents. Des associations de prières et d'aumônes ouvertes à tous, mais où une piété éprouvée donnait seule accès par la voie de l'élection, entretenaient parmi les différents âges l'émulation de la vertu, en même temps que des académies littéraires, basées sur le même plan, donnaient au développement des jeunes talents le secours si puissant de quelque publicité.

Sans nous étendre ici sur les fruits de ces institutions, nous ajouterons seulement que deux élèves de Sainte-Anne ont mérité, par l'édification donnée dans leurs derniers moments, d'être proposés pour modèles à la jeunesse (1). L'un est Hyacinthe Le Cudon, de Pontscorff, mort en 1819, à l'âge de 16 ans, et l'autre Auguste Ferron de la Sigonière, mort en 1828, à l'âge de 17 ans.

Depuis long-temps chère aux Evêques de Vannes, la maison du pélerinage le devint davantage depuis l'établissement du séminaire, et remplaça pour eux le manoir de Kerango, leur ancienne maison de campagne. On vit le vénérable Mgr de Bausset se plaire à partager, dans les beaux jours d'été, les repas champêtres des enfants sur la verdure, à l'ombre des bois des châteaux voisins. Mgr de Bruc, Mgr Garnier, et depuis, Mgr de la Motte-Vauvert, n'ont fait que continuer sa tendre protection.

Un établissement utile avait aussi des droits à la bienveillance des administrateurs amis de leur pays. Une preuve de leur estime fut un tableau précieux de Couder, commandé tout exprès par Louis XVIII, sur la demande

(1) Voyez les souvenirs de Saint-Acheul, Sainte-Anne, etc., ou vies de plusieurs jeunes étudiants, etc. Poussielgue-Rusand.

du comte de Chazelles, préfet du Morbihan, et offert avec solennité en 1823. On y voit la Ste Vierge assise dans la gloire, étendant une main maternelle vers les jeunes élèves qui l'implorent, et tenant de l'autre l'enfant Jésus qui leur ouvre aussi les bras. Ceux-ci sont dans l'attitude de l'humble et confiante prière : quelques-uns sont vêtus en clercs et offrent des fleurs, symbole d'innocence et d'amour.

Les princesses voulurent, à leur tour, envoyer leur offrande à Sainte-Anne : on reçut de la duchesse d'Angoulême un ostensoir en vermeil, et de la duchesse de Berri un bouquet de fleurs, ouvrage de ses mains. Chacun de ces dons fut l'occasion de fêtes brillantes, où des exercices littéraires se célébraient sous le feuillage des grands tilleuls.

Ces hommages lointains ne devaient pas suffire. Mme la Dauphine, lors de son voyage en Vendée de 1823, se rendit de Nantes à Auray pour visiter à la Chartreuse la tombe des victimes de Quibéron, et entendre le lendemain la sainte Messe au pélerinage. L'arrière petite-fille de Marie Leczinska se souvenait du vœu fait en faveur de son aïeul; elle voulut voir le registre de la confrérie et y inscrire son nom de sa propre main. Le pélerinage reçut également plus tard la visite de la duchesse de Berri ; mais un sentiment pénible vint se mêler à la joie de cette fête.

On était en 1828. Depuis quelques années un parti nombreux demandait hautement la suppression des huit maisons que dirigeaient les Jésuites. Charles X se flatta de calmer, au prix de quelques existences, l'agitation des esprits, et crut devoir rendre en faveur du monopole universitaire les célèbres ordonnances où l'établissement de Sainte-Anne était nommément proscrit. La princesse n'en voulut pas moins continuer son voyage et fut reçue avec la même affection. Elle offrit à la chapelle une lampe d'argent, et inscrivit sur les registres le nom de Caroline auprès de celui de Marie-Thérèse.

Deux mois après, les Jésuites quittaient, comme les Carmes cinquante ans auparavant, un séjour chéri et arrosé de quelques sueurs utiles. Le petit-séminaire a continué de fleurir sous la direction d'ecclésiastiques choisis.

Ainsi toujours des vicissitudes. Il n'y a de stable que Dieu et ce qui a les promesses de Dieu, l'église catholique, son œuvre de gloire et d'amour. Des jours viennent, jours d'orage et de ruine, où il semble qu'elle a disparu : elle a fait son temps, s'écrie l'impie. Son temps ! comme s'il pouvait finir son temps avant celui du monde, soutenue qu'elle est par la main qui soutient le monde! Fille de l'Éternel, son temps à elle est l'éternité. Elle a vu, elle voit le long des siècles, les mauvaises passions qui la combattent, amonceler les ruines et essayer de l'ensevelir sous leur poids; mais son front, plus outragé, se relève plus radieux, et elle ouvre son sein, avec plus d'amour, à ceux qui la maudissent et à ceux qui l'aiment. Immortelle, elle peut seulement se déplacer sur la terre, et c'est alors pour la contrée qu'elle abandonne la plénitude du malheur: car qu'importent les progrès des sciences et des arts et toutes les jouissances matérielles de la civilisation la plus avancée, si tout cela s'arrête à cette vie et va échouer contre la tombe? Est-ce que le seul vrai bonheur de ce monde n'est pas dans l'espérance? Et où sont les rassurantes espérances hors de la vraie foi divine?

Fasse donc le ciel qu'elle continue cette sainte foi de verser ses bienfaits sur un pays qui l'a toujours gardée sans mélange depuis les premiers siècles de l'Église. Et que votre doux sanctuaire, ô sainte Anne, serve de boulevart à la Bretagne contre l'irréligion moderne, comme il le fit au 17e siècle contre

les hérésies. Nous l'avons vu, au sortir de
l'anarchie, se remontrer tel que dans ses
plus beaux jours. Puisse-t-il ainsi traverser
tous les âges ! Puissent nos derniers descendants accourir à leur tour à ses fêtes, et
venir y puiser, après nous, cet esprit de
crainte de Dieu et de piété qui, loin de repousser aucune amélioration sociale, est
plutôt la vraie source des sentiments élevés,
des principes conservateurs, des progrès
utiles, des vertus privées et publiques qui
sont la vie des peuples. Car la piété est utile
à tout : elle a les doubles promesses de la
vie présente et de la vie future.

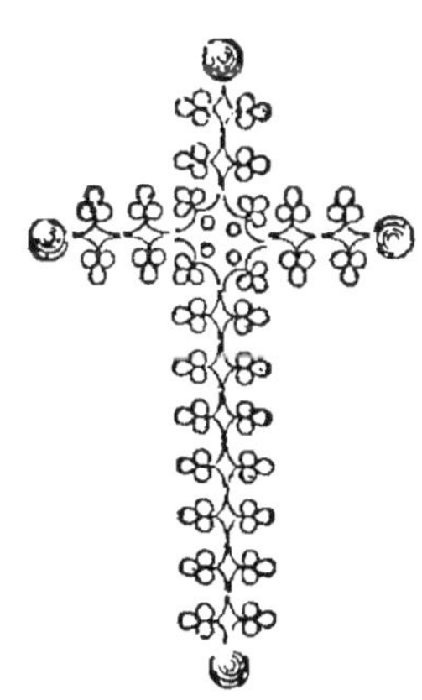

LE PÉLERINAGE

DE

SAINTE-ANNE D'AURAY.

QUATRIÈME PARTIE.

Miracles.

Seigneur, vos témoignages sont pleins d'évidence ! la sainteté appartient à votre maison dans toute la durée des jours.
Ps. 92. 7.

Les miracles sont le langage le plus intelligible que la divine Providence fasse entendre aux hommes. Comme l'ordre admirable que ses lois ont établi dans l'univers est l'expression générale de ses grandeurs, les prodiges qui les suspendent sont l'expression particu-

lière de ses volontés. C'est sur des miracles
que Dieu a voulu appuyer sa religion, afin
que les preuves de la vérité fussent également
accessibles à tous les esprits. Aussi, depuis
celui de la création, les prodiges n'ont-ils pas
manqué sur la terre. On sait la majesté terrible de ceux de la loi mosaïque, et la touchante douceur de ceux de l'évangile. A
mesure que les Saints se sont plus efforcés de
retracer dans leur vie l'humilité du Sauveur
du monde, Dieu s'est plu à leur faire partager
davantage la gloire de sa puissance ; et cette
puissance a paru s'attacher surtout, par un
sublime contraste, à la poussière de leur
dépouille terrestre, et quelquefois aux
simples représentations de leurs traits. Ainsi
Dieu aime-t-il à confondre l'orgueil en faisant concourir la gloire des élus au bonheur
des hommes et le bonheur des hommes à
la gloire des élus.

CHAPITRE PREMIER.

*Signes des vrais miracles. — Garanties prises
à l'égard de ceux de sainte Anne.*

Sur le point de raconter une partie des
événements miraculeux qui se sont succédé
à Sainte-Anne depuis la fondation, nous ne
discuterons pas les objections, plutôt subtiles
que sérieuses, de l'école déiste du 18.e siècle.
Le bon sens universel a déjà fait, et fait tous
les jours justice de tant de paradoxes impies
inspirés par la haine et adoptés par l'ignorance. Ainsi nous ne prendrons pas la tâche
de démontrer que l'auteur de la nature peut
suspendre des lois qu'il a pu faire. « Cette
« question, a dit un incrédule souvent en
« contradiction avec lui-même, serait impie
« si elle n'était absurde ; ce serait faire trop
« d'honneur à celui qui la résoudrait néga-
« tivement de le punir, il suffirait de l'en-
« fermer. » Nous nous contenterons d'indiquer les règles pleines de sagesse que suit
l'Église dans l'appréciation des faits miraculeux.

On en compte quatre principales : 1.º Il faut, avant tout, que le fait soit dûment constaté; il se constate, comme tous les autres faits, par des témoignages que l'on compte et que l'on pèse. 2.º Le fait étant constaté, il faut voir s'il est utile, Dieu ne prodiguant pas en vain sa puissance, et sa sagesse ne pouvant se prêter à des scènes indécentes ou seulement oisives et curieuses. 3.º Si le but est digne de Dieu, on doit se demander si les moyens le sont aussi. C'est par la prière et par les pratiques de religion, approuvées de Dieu, que l'on obtient ses faveurs. 4.º Enfin l'événement doit porter un caractère surnaturel, c'est-à-dire, déroger aux lois de la nature par lui-même ou par les circonstances qui l'accompagnent. Il y déroge par lui-même, quand il dépasse la portée des forces créées, ou du moins des forces humaines. Bien qu'on ne puisse pas préciser les dernières limites de ces forces, on sait en mille occasions, avec une parfaite certitude, des degrés qu'elles ne peuvent pas atteindre. Sans pouvoir dire au juste quel poids un homme robuste peut porter, je puis indiquer tel poids que nul homme ne portera jamais. Un fait est miraculeux par ses circonstances quand leur concours manifeste une intention supérieure. Ainsi la guérison d'un mal peut entrer dans le cours naturel des choses; mais l'obtenir d'une manière instantanée et radicale, au même instant où on l'implore et après avoir épuisé en vain tous les remèdes, ce sont là de ces rapprochements qu'il est impossible d'expliquer par le hasard, et qui doivent faire dire à tout homme de sens que le doigt de Dieu est là.

Pour peu que l'on juge, d'après ces principes, des miracles de sainte Anne, on sera frappé de leur évidence. Il s'agit de morts qui ressuscitent, d'aveugles, de sourds, de muets, de boiteux, de perclus, subitement et complètement guéris par une simple invocation, souvent faite par d'autres et sans que le malade en ait connaissance : assurément la nature n'agit pas ainsi. Tout cela n'a lieu que pour glorifier celle de toutes les Saintes qui fut plus chère à la Vierge qui eut un Dieu pour fils. Le but est donc digne de Dieu. L'instrument de ces merveilles est la prière humble et confiante à qui tout est promis; le moyen est donc digne du but. La seule ressource de l'incrédulité est de nier les faits : mais comment les nier quand on vient à les connaître? Sans doute que, dans le nombre incalculable des événements qui ont été ra-

contés sans aucun examen juridique, il a dû
s'en rencontrer d'inexacts. Là où se trouvent
de vrais miracles, il n'est pas étonnant qu'il
s'en répande de faux : c'est à l'ombre de la
vérité que se glisse l'erreur. Ceux que nous
citerons sont des événements visibles, pal-
pables, du plus haut intérêt pour de nombreuses familles, attestés par des témoins
oculaires, souvent nombreux, et d'une mo-
ralité, d'un bon sens reconnus; ils sont
confirmés par des juges compétents, choisis
exprès, qui prennent leurs informations sur
les lieux et ne négligent rien de ce que la
prudence exige. Que veut-on de plus? Opposer à ce faisceau de lumières un mépris in-
sultant qui dédaigne jusqu'à l'examen, n'est-
ce pas avouer que c'est par volonté qu'on
est incrédule et qu'on trouve du goût à nier
l'évidence?

Dès les premiers jours de la découverte
de la statue, il y eut bruit des grâces que
procurait sa présence. Elle était encore sous
l'oratoire de feuillage que déjà une femme
du Faouët, âgée et depuis long-temps aveugle,
recouvra subitement la vue, au rapport du
P. Ambroise. Ainsi la fête de la célébration
de la première messe fut-elle signalée, dit-on,
par la guérison d'une muette de 14 ans.

Les miracles se multipliant de jour en jour, commandèrent l'attention de l'autorité ecclésiastique qui dut commettre des juges à leur examen. Messires Des Landes, évêque de Dol, d'Ouvrier, évêque de Tréguier, de Rieux, évêque de Léon, choisirent, en 1631, les Carmes pour commissaires ; les mêmes témoignages de confiance leur furen donnés, les années suivantes, par Messire le Prêtre et René du Louët, évêques de Cornouailles, Achille de Harlay, évêque de Saint-Malo, Cornulier de la Touche, évêque de Rennes, et Gabriël de Beauveau, évêque de Nantes.

Munis de ces pouvoirs, les Pères de Ste-Anne recoururent dans les différents lieux, aux ecclésiastiques des paroisses et aux juges, ou aux notaires royaux, pour dresser les procès-verbaux et établir la compétence des témoins. Encore ces garanties ne suffirent-elles pas à Mg[r] de Rosmadec. Il voulut, selon l'esprit du saint Concile de Trente, examiner par lui-même et consulter des docteurs en théologie, distingués par leur savoir, et fit enfin paraître le décret suivant :

« Nous Séb. de Rosmadec, etc., déclarons avoir vu, examiné et fait examiner, en notre présence, les informations et procès-verbaux des guérisons arrivées tant en l'église de la glorieuse sainte Anne.... qu'ailleurs, par les vœux et promesses.... d'y venir....; et ayant mûrement considéré et reconnu l'avantage, pour la plus grande gloire de Dieu, de publier les merveilles que sa main toute puissante a opérées en faveur de la glorieuse sainte Anne, invoquée dans ce saint lieu, non-seulement par les peuples de cette province, mais par toute la chrétienté;

A ces causes, nous avons cru être obligé, par le soin et la vigilance de notre charge pastorale, de déclarer à tous les fidèles que nous avons trouvé lesdites guérisons et faveurs conformes à la toute-puissance de Dieu, sans rien qui répugne, et bien et dûment vérifiées par les personnes juridiquement commises soit par nous, soit par les autres Prélats..... etc.....

En notre manoir épisc. de Kerango, ce 26 avril 1632.

† Sébastien, *Ev. de Vannes.* »

Le P. Hugues de Saint-François, premier prieur de Sainte-Anne, rédigea, d'après ce décret, une première collection de faits authentiques, qui parut en 1634. Quatre nouvelles éditions, toujours augmentées, se succédèrent les années suivantes, appuyées d'un autre décret de 1644. Le même auteur composa plus tard un recueil beaucoup plus considérable, joint à une notice détaillée de l'origine de la chapelle; et il le dédia, en 1657, à la Reine Anne d'Autriche, sous le titre des Grandeurs de sainte Anne. Cet ouvrage fut abrégé par un Jésuite du collége de Vannes, et parut, en 1682, sous le titre de la Gloire de sainte Anne, avec l'approbation du vénérable de Kerlivio. Nous offrirons ici un extrait de ces différents recueils, en divisant les faits en trois classes. Résurrections de morts, guérisons de maladies et délivrances d'accidents.

CHAPITRE II.

Morts ressuscités. — Petite fille perdue dans la vase.

Un meunier de Guémené avait une enfant âgée de trois ou quatre ans. Comme il s'entretenait, dans son moulin, avec quelques amis, et précisément des grâces récemment accordées par sainte Anne, une femme arrive en poussant des cris ; la petite Jeanne venait de tomber dans l'étang. On se précipite vers l'endroit de sa chute ; le malheureux père se jette à l'eau, cherche en tout sens. On se réunit à lui, l'étang est exploré sans relâche et l'enfant ne se trouve pas. Au bout d'une heure de recherches inutiles, la pensée vient d'invoquer sainte Anne. Samson en fait part à sa femme qui poussait de vains sanglots sur la chaussée, et tous deux promettent un voyage et une messe. Au même instant Yves Simon, l'ami de la famille, sent quelque chose à ses pieds : c'était elle ! Mais sa vue ne rend à ses parents qu'un éclair de joie ; l'enfant restée longtemps enfoncée dans la vase, avait toute la pâleur et toute la roideur de la mort.

Cependant nul ne perd confiance : il semble que la première faveur en promette une autre et que la bonne Sainte ne saurait laisser son bienfait inachevé. En effet, vers la nuit tombante, tandis qu'on priait encore, un léger soupir semble se faire entendre ; vers minuit on croit découvrir un mouvement des yeux. La ferveur, la confiance redoublent. Enfin, au lever du jour, toute crainte s'évanouit quand la petite cherchant sa mère, lui dit : j'ai envie de dormir. Un cri de joie révèle tout le bonheur des parents. L'heureux père n'en veut pas entendre davantage, il saisit son bâton de voyage et prend le chemin de Sainte-Anne. (1)

Petite fille tombée sous la roue d'un moulin.

Une autre petite fille, Françoise Marquer, âgée de huit ans, s'amusait toute seule sur la chaussée du moulin de Vauférier, à l'endroit où l'eau du canal se précipitait dans l'étang par l'ouverture de la bonde. Attirée sans doute par le bruit de la chute d'eau, elle s'avance avec toute l'étourderie de son âge, fait un faux pas et tombe. L'impétuosité du courant l'a en un moment portée sous la roue dont les pattes restent embarrassées en l'écrasant. Le père de Françoise, qui s'occupait tranquillement dans son moulin, sort pour découvrir ce qui arrêtait sa roue. Au même instant il se souvient de sa fille : où est sa fille? Il l'appelle ; il appelle sa femme qui accourt, et l'un et l'autre n'entendent que le mugissement des eaux comprimées. Ils ont alors compris tout leur malheur. On s'élance vers la bonde pour arrêter les eaux ; on s'enfonce sous la roue : la pauvre petite fille était là depuis un quart d'heure, aplatie

(1) Procès-verbal de 1629, évêché de Saint-Malo.

et méconnaissable. En lui ôtant ses habits on la trouve tellement déformée qu'il n'y avait plus une lueur d'espérance. On l'enveloppe donc dans son linceul, puis on pleure, on se condamne, on pleure encore, et nul signe de vie. Le père de l'enfant se retire navré de douleur, la mère se dispose à l'imiter pour s'abandonner plus librement à son désespoir, lorsqu'une pieuse personne prononce le nom de sainte Anne. A ce doux nom les cœurs s'ouvrent à la confiance. Pourquoi n'obtiendrait-on pas ce que tant d'autres ont obtenu? A genoux près du cadavre, l'inconsolable mère fait vœu de porter son enfant à Sainte-Anne. Elle achevait à peine que la petite Françoise respire. A ses cris de joie son mari accourt et renouvelle le même vœu : l'enfant pousse alors un nouveau soupir et reprend si rapidement ses forces, que le lendemain matin il ne restait plus de l'accident que des cicatrices qui devaient attester le miracle (1).

Petite fille écrasée par un pressoir.

Cairan des Croix, gentilhomme habitant les environs du Mont Saint-Michel, avait eu plusieurs enfants de sa femme Fr. L'escuyer ;

(1) Procès-verbal de 1629.

mais le ciel, qui l'éprouvait, les lui avait enlevés tous en bas âge, à l'exception d'une fille où se concentrait toute sa tendresse. Pour mieux assurer son trésor, il l'avait confié à sainte Anne, et la petite Annette, qui comptait alors douze ans, portait encore le blanc en l'honneur de sa patronne.

Un jour qu'on l'avait laissée seule, avec un jeune garçon de son âge, dans un pressoir à cidre, au moment où les ouvriers étaient allés prendre leur repas, notre imprudente, laissant son compagnon se chauffer nonchalamment tourné vers le foyer, s'approche du cheval aveugle qui circulait autour de la pile. Tout à coup sa robe se trouve prise par la brandelle, et avant qu'elle eût eu le temps de pousser un cri, elle est écrasée contre la muraille, de manière à comprimer les efforts croissants du cheval. Cependant l'indolent petit gardien, ne s'occupant que de son feu, ne changeait pas d'attitude. Ce ne fut qu'au bout d'une demi-heure qu'il lui prit envie de savoir pourquoi le cheval n'allait plus. Ayant détourné la tête, il pousse un cri déchirant : une femme de service arrive et trouve la malheureuse enfant pressée contre le cœur et évidemment morte. En ce moment les ouvriers reviennent, et portent à leurs maîtres le corps défiguré de leur fille unique. De telles douleurs ne se racontent pas. Le père et la mère auraient voulu se dissimuler l'excès de leur malheur ; ils s'épuisent en soins, prodiguent tous les secours imaginables : tout est inutile. Depuis trois heures que l'enfant était étendue sur son lit, elle n'avait pas donné le plus léger indice de vie : il n'y avait plus de ressources que du côté du Ciel. Aussi est-ce vers le Ciel que se tourne l'espoir des pieux parents. Il leur semble qu'une vie confiée à sainte Anne ne pouvait pas si cruellement finir. En effet, le vœu à peine formé, la petite Annette commence à se mouvoir, à parler, et rend plus de deux cents personnes, accourues, témoins de sa miraculeuse guérison (1).

Enfant qui s'était rompu le cou.

Une femme de Plouha, évêché de Saint-Brieuc, nourrissait un enfant de 16 mois. Obligée d'aller porter le dîner, dans les champs, à son mari, elle appelle, en partant, sa fille Catherine et lui recommande de prendre grand soin de son petit frère ; mais celle-ci, pleine d'étourderie, prend peu garde à la recommandation maternelle. Pour se

(1) Procès-verbal de 1630.

livrer avec plus de liberté à ses jeux, elle pose et laisse l'enfant sur un coffre élevé : un moment après un bruit se fait entendre, l'enfant venait de tomber et s'était rompu le cou. Au lieu d'appeler du secours, la coupable, qui sent l'horreur de sa faute, en commet, par lâcheté, une plus grande encore. Sans compassion du mourant, et ne songeant qu'à se soustraire au châtiment qu'elle mérite, elle prépare un mensonge, et couche l'enfant dans son berceau. Il entrait en agonie quand la malheureuse mère revient des champs. En vain le prend-elle entre ses bras, lui offre-t-elle son lait, le couvre-t-elle de baisers et de larmes, il fait un léger effort pour vomir et meurt. Le père, les voisins, les amis qui se rassemblent, le voient étendu livide et glacé, lorsque, au bout d'une heure et demie d'inutiles gémissements, le souvenir de sainte Anne fait reprendre confiance à la famille. Que du moins, je voie encore une fois mon enfant en vie, s'écrie le père en prononçant à genoux son vœu. Il n'avait pas achevé que la pâleur de mort se dissipe, et les yeux éteints s'entrouvrent. Dans l'excès de sa joie, le bon père tombe sans connaissance ; une demi-heure après il embrassait son fils plein de santé.

Quarante faits semblables se trouvent soigneusement circonstanciés dans les archives: c'est une servante tombée dans un puits profond, en tirant de l'eau ; des hommes écrasés sous les roues de charrettes fortement chargées ; des morts dont on apportait le cercueil; et surtout un nombre considérable d'enfants : l'un s'était trouvé étranglé par ses langes en tombant de son berceau; l'autre était resté étouffé au fond d'un conduit ; ceux-ci étaient morts avant de naître; ceux-là s'étaient noyés dans des rivières, des étangs, des fosses où ils étaient restés jusqu'à quatre, jusqu'à huit heures entières ; et c'est au moment où l'on prononce sur eux le nom de sainte Anne qu'ils donnent leurs premiers signes de vie ou qu'ils annoncent une guérison parfaite. Comment ne pas reconnaître là des prodiges ? Quand même tous n'auraient pas en effet rendu leur dernier soupir, ne faut-il pas assimiler à la puissance qui rend la vie celle qui retire des portes de la mort. Et si, à l'égard des noyés, la perfection de l'art moderne va jusqu'à les faire revenir au bout de plusieurs heures, qu'importe ce que l'art actuel peut opérer, puisque ses secrets n'étaient pas connus, et puisque toutes les ressources employées l'avaient été sans fruit : qu'aurait-on pu d'ailleurs en faveur d'un âge où la vie est si fragile ?

CHAPITRE III.

Guérisons de Maladies.

C'est un triste tableau à offrir que celui de ces mille infirmités qui crucifient notre pauvre existence et servent de prélude à sa fin ; mais plus le tableau est sombre, et plus il est doux de voir le Ciel, sensible aux maux de la terre, les soulager par sa puissance. Si la maladie annonce la mort dont elle est comme le commencement, ces guérisons miraculeuses n'annoncent-elles pas à leur tour cette immortelle vie qui nous sera rendue ? Telle est la gloire de sainte Anne, que, pour compter toutes les guérisons dues à son intercession, il faudrait indiquer les innombrables espèces de souffrances que nous devons au péché. Parmi les deux cents faits que raconte le P. Hugues, nous en prendrons quelques-uns au hasard.

Aveugles guéris.

Renée Pleux, de Lamballe, entièrement aveugle depuis l'âge de six ans (elle en avait quatorze) avait en vain essayé de tous les remèdes humains ; sa mère comprit qu'il en fallait d'une autre nature à son mal et promit trois voyages pour elle à Sainte-Anne. Au moment où s'accomplit le dernier, l'enfant recouvre la vue.

Un officier de l'armée du comte d'Harcourt, menacé de perdre la vue, s'était rendu à Paris pour se faire traiter par les oculistes les plus habiles ; mais au lieu de retrouver, au moyen des remèdes, ce qu'il avait perdu, il finit par perdre le peu qui lui restait, et tombe dans une cécité complète. Dans son malheur, le souvenir de Sainte-Anne d'Auray, où la curiosité l'avait conduit jadis, lui revient à la pensée avec ses pèlerins, ses *ex voto* et ses merveilles. Il fait vœu de s'y rendre, et la vue lui est rendue. On cite trente personnes qui voient disparaître en un moment des cécités de quatre, de six et de huit années, désespérées de tous les hommes de l'art.

Sourds et Muets.

François Kermelot, de Pommerec, était muet depuis quatorze ans. Conduit à Sainte-Anne par son frère Léonard, au moment où il s'incline devant la sainte Image, il retrouve l'usage de la parole (1).

Un contre-maître de Grandville avait un fils âgé de sept ans, auquel on n'avait jamais pu faire prononcer un mot. Personne ne conservait d'espoir, excepté le père, qui se sentait une confiance sans bornes en sainte Anne. Il voue un pèlerinage, et, arrivé devant l'autel de la Sainte, où il fait célébrer le saint Sacrifice, il prie avec toute l'ardeur que peut inspirer l'amour paternel. Quelque chose lui dit au fond de l'âme que sa prière est exaucée. En effet, de retour chez lui, il voit son fils accourir et s'entend appeler du doux nom de père. Cet heureux père n'était pas indigne d'une telle faveur ; sa reconnaissance égalant sa joie, il se permet à peine de mettre le pied dans sa demeure et reprend, malgré la distance, le chemin de Sainte-Anne, accompagné de six témoins du prodige (2).

(1) Procès-verbal du 27 septembre 1625, signé par plusieurs pèlerins et confirmé plus tard par les informations du Recteur de Pommerec, évêché de Saint-Brieuc.

(2) Procès-verbal du 19 novemb. 1626, évêché de Coutances.

Une conduite tout opposée faillit laisser dans le chagrin une famille de Chavigny : Olive Mérel, voyant sa femme en couches, réduite à toute extrémité, fait aussi lui vœu d'un pélerinage, et sa prière est aussitôt exaucée ; mais, devenu père, il oublie trop vite, en jouissant de son bonheur, à quelle condition il le devait, et le châtiment suit de près la grâce méconnue ; l'enfant reste muet. Olive, trop préoccupé sans doute du soin de sa fortune, s'endurcit à la voix du Ciel, et ne rentre en lui-même qu'au bout de quatre années. A peine s'est-il enfin mis en route, que la langue de son enfant se délie pour demander du pain à sa mère (1).

Sébastienne Dubot, de Josselin, était devenue, à neuf ans, muette et impotente à la suite d'une longue et douloureuse maladie. Après une année entière passée dans cet état, son père, inspiré de la vouer à sainte Anne, l'y transporte sur un cheval, et a la joie de voir sa fille reprendre l'usage de ses jambes en touchant ce sol vénéré : mais l'empêchement de la langue ne diminue pas. Dix-huit ans après, Sébastienne, restée muette, avait d'autant plus à souffrir de son infirmité, qu'elle avait perdu ses parents et

(1) Procès-verbal du 15 Juin 1645, évêché de Rennes.

se trouvait sans fortune. Elle conçoit l'espérance que la Sainte, qui s'est une fois montrée si douce envers elle, complétera son œuvre, et part dans la compagnie de son frère et de plusieurs amies. En arrivant, la veille de la Pentecôte, la foule immense des pélerins qu'attire la solennité, la pénètre d'un saint enthousiasme qui lui persuade que, par l'intercession de la glorieuse Sainte, le Saint-Esprit va délier sa langue le jour où il rendit si habiles celles des Apôtres. Comme elle entrait dans la chapelle, à côté de son frère : mon frère, s'écrie-t-elle, où est donc la statue miraculeuse? On l'y conduit en répandant des larmes de joie ; et là on l'entend continuer long-temps ses prières à haute voix dans toute l'effusion de la reconnaissance. Le bruit de cette merveille s'étant en un moment répandu dans la multitude, ce fut à qui l'entretiendrait pour recevoir de sa bouche les détails de son bonheur (1).

Un gentilhomme de Plouëc, évêché de Tréguier, Guillaume du Quellenec, était affligé depuis trois ans d'une pénible surdité, lorsqu'un vœu fait à sainte Anne la fait disparaître aussitôt (2).

(1) Procès-verbal du 31 mai 1646. Cette fille, ainsi qu'une partie des témoins, vivait encore lors de l'impression du recueil de 1682.

(2) Procès-verb. d'octob. 1626. On voit qu'il était accompagné de son vieux père, redevable à la Sainte d'une autre guérison miraculeuse.

Rachitiques, perclus, paralytiques.

Thérèse du Plessis-Guillousou, de Morlaix, restée contrefaite à la suite d'une grave
maladie, ne faisait plus que se traîner, depuis
neuf mois, à l'aide de deux béquilles : vouée à
Ste. Anne par sa famille, elle retrouve subitement sa taille et son agilité premières (1).

Catherine Huet, de Saint-Vincent, évêché de Langres, était depuis six ans clouée sur
son lit de douleur par une paralysie presque
universelle. Un jour une personne étrangère
vint l'entretenir des miracles qui s'opéraient
à Sainte-Anne d'Auray. Ce qu'elle entend
est pour elle un trait de lumière : elle se sent
poussée à invoquer une si bonne Sainte, et
se croit sûre d'être guérie. Ce sentiment
n'est pas trompeur ; aussitôt son vœu prononcé, elle retrouve l'usage de ses membres
et se dispose à faire le long voyage, accompagnée de son frère (2).

Adrien Judeaux, pauvre ouvrier char-
pentier, de Messac, évêché de Rennes, se
voit tout à coup frappé d'une affreuse maladie de nerfs qui le rend perclus de tous ses
membres, et lui fait subir d'intolérables dou-

(1) Procès-verbal du 11 septembre 1628.
(2) Procès-verbal du 22 octobre 1630.

leurs. Au bout de six mois de torture, il promet de se rendre à Sainte-Anne pour peu qu'il puisse s'y traîner. Le mal perd en effet de son intensité et lui laisse la faculté de se remuer, non sans de grandes souffrances, au moyen de deux béquilles d'un pied et demi. Il n'en fallait pas davantage à l'ardeur de ses vœux ; il part, et parvient, comme en rampant, au petit port de Messac. Là, n'en pouvant plus, il attend patiemment que quelque batelier consente à le transporter par charité jusqu'à Redon. Son désir est exaucé ; mais à Redon, son embarras redouble : nulle occasion ne s'offre pour Auray, ses douleurs vont en croissant, et le pain lui manque. Faudrait-il donc mourir avant de voir l'autel de la Sainte en laquelle il a mis tant de confiance ? Six semaines se passent.... Il ne se décourage pas. Enfin un charitable marchand le conduit par eau à la Roche-Bernard. Il rencontre là un saunier qui le porte sur sa mule jusqu'à Guérande. Un autre le fait ainsi parvenir de Guérande au Croisic. On s'y préparait précisément alors à une procession générale qui devait se rendre par mer à Auray. Un batelier prend compassion du pauvre mendiant qui ne cessait de répéter qu'il guérirait à

Sainte-Anne. Enfin, parvenu au but de tant de désirs, il commence, en s'approchant des sacrements, la neuvaine à laquelle il croit attachée sa guérison.

On le voyait chaque jour prosterné devant l'autel et absorbé dans la prière, ou bien se traînant sur ses genoux autour de l'église, en se faisant d'incroyables violences. Le dernier jour arrive, son mal n'a en rien diminué, et son espoir n'en est pas moins ferme. C'est à la fontaine qu'il sera guéri. Il s'y traîne péniblement : on l'aide à descendre vers la piscine où il veut se laver les membres. Tout à coup on dirait que le mouvement et la vie coulent le long de son corps avec l'eau sacrée ; les nerfs se ramollissent, les jambes s'étendent, les douleurs s'évanouissent....; et, au milieu de la foule ravie, il se lève, se tient debout sans peine et marche, entièrement guéri, vers la chapelle pour y offrir, dans l'ivresse de sa joie, ses actions de grâces à Dieu et à sa céleste bienfaitrice (1).

Le fait suivant n'a rien de moins extraordinaire.

François Talhouët, jeune pâtre, du Couëdic d'Inzinzac, près Hennebont, est saisi, au milieu des champs, d'un mal aussi dou-

(1) Procès-verb. du 16 juin 1631, signé de 8 témoins et 4 notaires.

loureux qu'inattendu. Une vive douleur, qui s'attache d'abord aux chevilles, lui monte avec rapidité aux genoux, aux cuisses et aux reins ; ses nerfs se contractent, et il reste privé de tout usage des membres inférieurs ; une enflure générale se déclare en même temps et semble annoncer sa fin. Cependant trois ans se passent de la sorte, quand, pour comble d'infortune, sa pauvre mère, qui le nourrissait à grand'peine de son petit travail, vient à son tour à tomber dangereusement malade : l'un et l'autre allaient périr, lorsque la charité leur ouvrit un asile dans l'hôpital de la ville. Aucun soin ne fut alors épargné pour vaincre la résistance du mal ; mais tous furent inutiles. L'infirmité fut déclarée incurable, et l'infortuné se trouva réduit à se traîner par les rues, à l'aide des mains, pour implorer la pitié publique.

Telle était sa manière de vivre depuis six ans, au milieu d'Hennebont, lorsqu'il se sent tout à coup inspiré de faire le pélerinage. Armé d'un courage que la confiance devait rendre invincible, il part, avec sa mère et une sœur, huit jours avant la fête de juillet ; sa sœur l'aidait à ramper le long de la route, tandis que sa mère allait mendier quelques morceaux de pain par les villages.

Il ne put arriver qu'au bout de cinq longues journées, épuisé de fatigue et de douleur, mais plus que jamais rempli d'espérance. Cependant il s'était approché des sacrements, la grande fête venait de s'écouler, et point de guérison. Il communie de nouveau le lendemain ; il prolonge, il multiplie ses prières, et le Ciel semble insensible. Les vêpres finies, il s'approche de la statue miraculeuse, décidé à ravir en quelque sorte à Dieu sa guérison par l'ardeur de ses instances. Soudain la sainte Image lui apparaît environnée de lumière ; en même temps une chaleur inconnue se répand dans tout son corps. Il se traîne alors jusqu'à la fontaine, et, selon l'usage, avale quelques gouttes d'eau de la source, et se lave les pieds dans le bassin. Aussitôt ses os craquent, ses muscles se détendent, une chaleur brûlante le fait par deux fois tomber à la renverse et pousser des cris de douleur. Il revient vers la statue; mais un tressaillement prodigieux, accompagné de nausées violentes, le force de quitter l'église. Cependant il s'aperçoit que l'effet des douleurs qu'il ressent aux genoux est de lui rendre l'usage d'une jambe. Il est prêt à souffrir plus encore pourvu qu'il soit guéri ; et, en effet, après

une nuit d'affreux tourments, il s'aperçoit
qu'il peut marcher à l'aide d'un bâton. Ce fut
alors qu'il fut rencontré par sa mère qui
l'avait perdu dans la foule depuis un jour.
Qui saurait dire une telle joie? Elle fut par-
tagée par les PP. Carmes qui voulurent accueillir chez eux le nouveau guéri; il se
rendit à pied à Hennebont quelques jours
après, et remplit toute la ville de l'admiration que commandait un aussi éclatant
miracle (1).

Nous laisserons parler pour le fait suivant
le prélat qui le garantit : « René du Louet,
» par la grâce de Dieu et du saint Siége
» apostolique, évêque et comte de Cor-
» nouailles, conseiller du Roi en ses con-
» seils, à tous ceux qu'il appartiendra,
» salut et bénédiction en Notre-Seigneur :
» Vu notre commission donnée à l'instance
» des prieur et religieux Carmes du monas-
» tère de Sainte-Anne, près d'Auray, et
» adressée à messire H. Flohic, recteur de
» la paroisse de Kerrien, de notre diocèse,
» et à messire Pierre Flohic, ci-devant
» recteur de ladite paroisse et notaire apos-
» tolique, aux fins d'informer d'un miracle
» arrivé en la personne de Jeanne Baumin,

<hr>

(1) Procès-verbal du 18 novembre 1644, signé par le Sénéchal, le
Procureur du Roi, l'Adjoint du greffe, le Vicaire perpétuel, etc.

» native de ladite paroisse et diocèse ; vu
» les informations desdits commissaires , en
» date du 11 juillet 1663 , où sont les dépo-
» sitions de J. Caherec, etc. ; autre acte fait
» par les témoins oculaires qui se trouvèrent
» à la chapelle miraculeuse de Sainte-Anne
» lorsque le miracle arriva , et qui ont signé
» le 21 juin 1663 , savoir : frère Martial
» de Saint-Joseph , sacriste de Sainte-Anne ,
» etc ; autre acte fait par le premier juge
» royal de Quimperlé , en date du 11 juillet
» 1663, signé frère Lambert de Saint-Pierre;
» frère Raphaël du Saint-Esprit ; René
» Le Flo , sénéchal; Jac. Brient , substitut;
» J. Beaubois , adjoint; par lesquels il ap-
» pert que Jeanne Baumin , native du vil-
» lage de Kerbranguen , de la paroisse de
» Kerrien , évêché de Cornouailles , ayant ,
» environ l'âge de seize ans , perdu l'usage
» de ses jambes et de la langue , et étant
» demeurée percluse et muette l'espace
» d'environ quatre ans , sans avoir marché
» ni parlé , quoique l'on eût employé tous
» les remèdes naturels de la médecine pour
» lui donner du soulagement et lui rendre
» la santé ; mais qu'ayant été vouée par son
» père , nommé Jean Baumin , à Ste. Anne ,
» ledit Jean Baumin accompagné d'un sien

» compère appelé Guillaume Hellou, se
» mit en chemin pour venir à la chapelle de
» ladite sainte Anne, située près d'Auray,
» le 19 juin 1663, avec sa dite fille, où ils
» arrivèrent le 20 dudit mois, environ les
» huit heures du soir, et qu'ils l'apportè-
» rent comme un enfant à la sainte chapelle,
» où elle fit ses prières devant l'image mira-
» culeuse, et qu'ensuite ledit Hellou la
» porta à l'hôtellerie, où elle passa la nuit
» jusqu'au lendemain vingt-un qu'elle fut rap-
» portée à l'église où elle se confessa par
» signes et reçut le saint Sacrement, et fit
» ses dévotions sans recevoir aucun soula-
» gement; et qu'après, ledit Hellou la porta
» à la fontaine qui est proche de la sainte
» chapelle, où étant elle commença à se
» laver les jambes, et en un instant, invo-
» quant sainte Anne à son aide, elle se
» leva et commença, à la vue de tout le
» monde, à marcher, et s'en retourna
» d'elle-même, sans être aidée de personne,
» rendre grâces à Dieu et à sainte Anne
» devant son image de la sainte chapelle, et
» s'en retourna ensuite dans sa paroisse, où
» elle ravit tout le monde en admiration; que
» M. le Recteur fit publier par M. son Curé,
» au prône de la grand'messe, ce miracle,

» où ladite Jeanne Baumin était présente
» et en parfaite santé ; et que pour rendre
» davantage action de grâces à Ste. Anne,
» M. Dom Pierre Flohic, ci-devant recteur
» de ladite paroisse de Kerrien, fit, par une
» dévotion particulière, faire une proces-
» sion solennelle, où il y avait quantité
» d'enfants vêtus en anges qui précédaient,
»　　la tête desquels était ladite Jeanne Bau-
» min, portant une croix de bois ; ensuite
» marchaient les ecclésiastiques et M. le
» Recteur, qui portait une image de Notre-
» Dame. Vu de plus la requête à nous pré-
» sentée par le P. Etienne de Saint-Fran-
» çois-Xavier, prieur des religieux Carmes
» du Pont-l'Abbé, de notre diocèse, au
» nom et comme faisant pour les prieur et
» religieux Carmes de Sainte-Anne, en
» date du 26 juillet 1663, aux fins d'avoir
» notre permission de publier le susdit mi-
» racle. Le tout bien considéré, nous avons
» déclaré, et par ces présentes déclarons,
» que le miracle arrivé en la personne de
» Jeanne Baumin, le 21 juin 1663, est bien
» et dûment vérifié, et permettons de le pu-
» blier à la gloire de Dieu et à l'honneur de
» la glorieuse sainte Anne, par les mérites
» de laquelle il lui a plu l'opérer. En témoi-

» gnage de quoi nous avons signé ces pré-
» sentes et fait sceller du sceau de nos
» armes, et contre-signer par notre secré-
» taire. Donné en notre palais épiscopal et
» rural de Lannion, le 20 du mois d'août
» 1663. Ainsi signé : René du Louet,
» évêque de Cornouailles. Et plus bas : par
» commandement de mondit seigneur l'illus-
» trissime évêque et comte de Cornouailles,
» Ph. Girardelet, secrétaire. » Cette première guérison augmenta la confiance de
Jeanne Baumin, qui, l'année d'après, recouvra l'usage de la parole en faisant ses
prières devant l'image miraculeuse de sainte
Anne le jour du Saint-Sacrement, qui était
le 12 juin 1664.

CHAPITRE IV.

Guérisons de Maladies. — Suite. — Fièvres.

Anne Franchet, vicomtesse de Tonque-
dec, était depuis long-temps souffrante d'une
fièvre double-quarte, dont les longs accès
semblaient se toucher ; survient un gros rhu-
me, accompagné d'un mal de gorge extrê-
mement douloureux. Dès les premières at-

teintes de la maladie, elle s'était proposé de faire le pélerinage, et voyant alors son état empirer, elle ne se sent que plus pressée d'accomplir son vœu, persuadée qu'elle trouvera du soulagement auprès de sainte Anne. Son mari n'ose se refuser à ses désirs et la conduit lui-même. La confiance de la malade est d'abord mise à une rude épreuve ; car ayant à loisir satisfait sa dévotion, et l'heure du départ étant venue, au lieu de soulagement, elle éprouvait des douleurs plus vives. On monte donc en voiture le cœur serré de tristesse, et comme surpris que Ste. Anne n'ait pas exaucé des prières si ardentes.

En arrivant à Mériadec, sur le chemin de Vannes, la vicomtesse se souvient qu'elle a omis de boire de l'eau de la fontaine : elle veut réparer son oubli. La voiture s'arrête, et un laquais est dépêché en toute hâte. A son retour, elle a beau se sentir dans le plus fort de l'accès, il faut à tout prix qu'elle goûte de l'eau de la Sainte ; mais elle n'a pas plus tôt approché le vase de ses lèvres que sa fièvre tombe comme par enchantement. Le vicomte, converti depuis peu du calvinisme, à la fois plus frappé et plus joyeux que personne, fit aussitôt rédiger le procès-verbal (1).

(1) Le 18 août 1630.

Nous empruntons, pour citer le fait suivant, les propres paroles de l'attestation
authentique :

« Charles-François de La Vieuville, par
» la grâce de Dieu et du saint Siége apos-
» tolique, évêque de Rennes, conseiller du
» Roi en tous ses conseils, et grand aumô-
» nier de la Reine d'Angleterre, à tous
» ceux qu'il appartiendra, salut et bénédic-
» tion en Notre-Seigneur : Vu la requête à
» nous présentée par les vénérables prieur
» et religieux Carmes d'Auray, aux fins de
» vouloir faire informer d'un miracle arrivé
» en la ville de Vitré ; notre commission
» adressée à M. Mathias Allou, prêtre-doyen
» dudit Vitré et recteur de Saint-Martin-de
» Balazé, en date du 12 février dernier ;
» acte de la présentation de ladite commis-
» sion par le R. P. Lezin de Sainte Scho-
» lastique, prieur du couvent des Carmes
» de Rennes, et acceptation d'icelle, du
» 23 février aussi dernier, faite par ledit
» Allou, qui a pris pour adjoint messire
» Jacques Guepé, prêtre-chapelain de l'é-
» glise de Notre-Dame-de-Vitré et notaire
» apostolique ; certificat dudit Jacquelin,
» au bas duquel est la signature de Le Brun,
» notaire apostolique, demeurant à Vitré,

» en date du 7 juin 1661 : déposition dudit
» Jacquelin ; de Julien Raucar, apothicaire ;
» François Charil, maître tailleur d'habits ;
» Andrine Charil, femme dudit Jacquelin ;
» Jeanne Lohier, veuve de Mathurin Le
» Breton, et M. Guillaume Le Brun,
» prêtre-chapelain dudit Vitré. Par lesquels
» il appert que ledit Jean Jacquelin, libraire,
» travaillé de fièvre quarte, qui lui avait
» duré quatorze mois ; enflure par tout le
» corps, ayant même les jambes crevées,
» et desquelles se découlaient plusieurs sé-
» rosités ; jaunisse et gravelle, en sorte
» qu'il ne se pouvait soutenir, aller ni ve-
» nir, sans être porté par deux personnes ;
» et qu'en l'année 1659, se trouvant en
» cet état, et ayant occasion d'un voyage
» que M. Jean Guérin, receveur de l'église
» collégiale de la Guerche, allait faire à
» Sainte-Anne dudit Auray, et le pria de
» faire dire une neuvaine en l'église de Ste.
» Anne, laquelle fut faite le lundi de la
» Pentecôte 1659, et que ledit jour de la
» Pentecôte il souffrit de grandes douleurs ;
» mais le lundi, sur les dix heures, il se
» sentit soulagé et guéri de tous ses maux,
» et n'a eu depuis aucune douleur ni accès.
» Tout bien considéré, nous avons déclaré,

» et, par ces présentes, déclarons que le
» miracle arrivé en la personne dudit Jac-
» quelin est bien et dûment vérifié, et per-
» mettons de le publier à la gloire de Dieu
» et l'exaltation de son nom et à l'honneur
» de sainte Anne, par l'intercession de la-
» quelle il lui a plu l'opérer. En témoignage
» de quoi nous avons signé ces présentes
» et icelles fait sceller du sceau de nos ar-
» mes, et contre-signer par notre secrétaire.
» Donné à Rennes, ce 16 avril l'an de grâce
» 1662. Signé Charles-François, évêque
» de Rennes. Et plus bas : par comman-
» dement de monseigneur, De Bordeaux,
» secrétaire.

Ainsi une dame Anne Boullé, d'Auray,
en 1627 ; l'Évêque de Saintes, en 1647,
et plus de quarante personnes obtiennent-
elles par des vœux de subites ou promptes
guérisons.

*Pierres, coliques, dyssenteries, hernies,
hydropisies, hémorroïdes.*

Un pauvre homme était tourmenté depuis
quinze ans des douleurs aiguës de la pierre :
le mal croissant toujours, on lui fit savoir que
la seule chance de salut pour lui était l'opé-

ration, toujours si douloureuse, mais si dangereuse alors, de la taille. Dans son effroi, le malheureux tourne ses pensées vers sainte Anne et implore sa pitié de toute l'ardeur de son âme. La Sainte lui réservait un remède plus doux et plus efficace : il se trouve en l'invoquant radicalement guéri.

D'autres étaient affligés de cruelles hernies, ou se voyaient réduits à toute extrémité par des pertes de sang, des hydropisies, de violentes douleurs d'entrailles; une femme le Clerc, de Hénon, hydropique depuis sept ans, était énormément enflée; une dame Allain, femme du Procureur au siége présidial de Rennes, et une dame Elisabeth de Forsan, de Saint-Malo, épuisées par des hémorroïdes, étaient désespérées des médecins; le chirurgien Mulon, se trouvant au siége de Gravelines, venait d'être abandonné de ses compagnons d'armes; lorsqu'il leur suffit à tous d'une simple invocation pour trouver la fin subite de leurs douleurs (1).

Un gentilhomme, nommé Pierre de la Haye, était depuis vingt-quatre heures sans connaissance, à la suite d'une colique bilieuse, prolongée durant huit semaines; en le voyant entrer en agonie, on prend la

(1) Proc.-verb. de 1636 -- 1645 -- 1644.

croix bénite, on l'expose vis-à-vis de son chevet, lorsqu'à cette vue sa femme se prosterne baignée de larmes et voue, en son nom, un pélerinage où il devra porter cette croix de mort. Elle n'avait pas fini sa prière que le malade avait retrouvé la santé (1).

Maladies scrofuleuses, cancéreuses, etc.

Olivier le Pape de la Ville Rabet, seigneur des environs de Saint-Brieuc, avait un fils, encore en bas âge, cruellement dévoré par les écrouelles. Ayant tout imaginé, tout épuisé, et en vain, pour le guérir, il le voue à sainte Anne. Le lendemain matin le jeune enfant raconte avec admiration ce qu'il a vu pendant la nuit. C'était une grande Dame, dit-il, bien belle, bien belle, qui est venue près de moi ; elle m'a demandé ce que je désirais. Je lui ai dit : je veux être guéri, et elle m'a répondu : tu le seras. Ce récit fut pris par tout le monde comme un beau rêve : le mal aussi bien n'avait pas changé. Mais voilà que la nuit suivante une nouvelle apparition revient consoler le pauvre enfant. Cette fois c'est un jeune enfant comme lui,

(1) Proc.-verb. du 1 septemb. 1630.

mais d'une éblouissante beauté, qui s'approche, touche sa plaie et la fait disparaître à l'instant. Aux longs cris de joie de l'enfant miraculé, tout se réveille dans le château; on accourt, on approche les lumières, et comment se lasser de le contempler? Il ne restait plus qu'une légère cicatrice rouge à l'endroit du mal (1).

Jeanne Balan de Péronneau, femme d'un enquêteur au siége présidial de Tours, avait été grièvement blessée par une chute de cheval, et la gangrène venait de se déclarer. N'ayant donc plus d'espoir, elle ne songe qu'à mettre à profit le peu de temps qu'il lui reste à vivre pour faire une bonne et sainte mort, et fait appeler le Curé de Saint-Denis pour recevoir de lui ces dernières consolations que la religion prodigue à ceux que le monde abandonne. Cet ecclésiastique venait précisément d'obtenir pour lui-même une faveur signalée de sainte Anne; dans l'intérêt qu'il porte à sa malade, il l'engage à recourir au même refuge; et, en effet, le vœu à peine formé, la gangrène disparaît avec la blessure. La reconnaissance de la dame parut d'abord on ne peut plus grande; mais le temps affaiblit

(1) Proc.-verb. de 1625.

les impressions. Quand il fallut songer au départ, on calcule les distances, mille petits obstacles viennent à l'encontre, sans parler de la fatigue qui effraie. De sorte enfin qu'on songe à faire commuer le vœu trop indiscret. Mais nouveau prodige ; la gangrène reparaît, tout le danger se renouvelle et aussi toutes les difficultés s'évanouissent alors, la bonne dame demande pardon de sa lâcheté, retrouve la santé, et cette fois accomplit son vœu au plus vite (1).

*Convulsions, épilepsies, aliénations mentales,
maladies diverses.*

Perrine Aubrée, de Chavaignée, évêché de Rennes, éprouvait trois fois par jour des attaques d'épilepsie si violentes, qu'on la voyait écumer de rage, se débattre, se déchirer avec fureur : cent fois elle se serait donné la mort sans la résistance des gardiens robustes dont il avait fallu l'entourer. A un tel état, il n'y avait de remède que ceux du Ciel. Ses parents désolés se rendent donc à Sainte-Anne, et font offrir le saint Sacrifice à l'heure précise où Perrine entrait dans sa crise. Elle était complètement guérie à leur retour (2).

(1) Proc.-verb. du 11 février 1645.
(2) Proc.-verb. du 20 mai 1631.

Ce sont des malades qui tombaient dans de semblables convulsions tous les jours, et plusieurs fois par jour ; quelques-uns depuis quinze et vingt ans, comme le chevalier Duhamel, d'Avranches, et messire Bernard, de Coutances, ancien avocat du Roi, devenu curé de Carentili, qui fit graver le fait sur une plaque d'airain ; une autre, Françoise d'Artois, depuis vingt-huit ans, et vingt fois par jour (1) ; ou bien ce sont des infortunés privés de tout usage de la raison, comme Isabelle Didu, de Lomalo, restée sept années entières sans voir, sans parler, et sans rien prendre (2) ; quelquefois frappés d'une idée fixe, comme Paul Macé, de Dandillé, persuadé qu'on voulait partout attenter à sa vie (3). Ou enfin, ce sont des agonisants, on en cite plus de trente consumés, quelques-uns par trois, par huit années de souffrances, dont on n'attendait plus que le dernier souffle ; quelquefois qui ne donnaient plus un signe de vie.... ; et à un simple vœu qu'ils font, ou que l'on fait pour eux, tous ces maux s'évanouissent comme un songe. Ainsi une petite fille, Hélène de Suasse, de Plouguer-

(1) Son proc.-verb. est signé par 30 témoins.
(2) Proc.-verb. du 13 mai 1637.
(3) Proc.-verb. du 25 juillet 1651.

nevel, était à toute extrémité, lorsqu'au moment où sa mère, arrachée du lit de son enfant, se jetait à genoux pour invoquer sainte Anne, elle vomit un ver à deux têtes qui la suffoquait et entre en pleine guérison (1). Ainsi encore Yves du Menez, seigneur de Kéroüil, avait déjà sur les lèvres le râle de la mort, lorsqu'il lui semble apercevoir devant lui sainte Anne, dont il avait toujours été dévot, et l'entendre lui annoncer sa guérison. Etait-ce une grâce du Ciel, était-ce un vain rêve? En tout cas, ayant trouvé un petit soulagement, il s'efforce de faire part à sa femme de ce qu'il croit avoir vu, et fait un vœu avec elle : cependant le mieux ne se soutenant pas, il conjure la Sainte de ne pas le laisser dans son doute accablant. La prière n'était pas fini qu'une nouvelle apparition confirme la première et lui garantit une guérison qui s'acheva en peu de jours. Il vint à pied, de Primelen, en Cornouailles, c'est-à-dire de plus de trente lieues, tenant en main la croix de son agonie (2).

(1) Proc.-verb. du 1 novembre 1645.
(2) Proc.-verb. du 4 janvier 1631.

CHAPITRE V.

Délivrances d'Accidents.

Depuis que l'homme s'est révolté contre son Dieu, il a vu, à son tour, se révolter contre lui la nature, et l'on dirait qu'elle conspire sa perte comme celle d'un coupable. Le tonnerre gronde sur sa tête, la terre étend ses ronces sous ses pas ; les animaux venimeux ou féroces le poursuivent ; le feu le consume, la mer l'engloutit, les abîmes le dévorent, et lui-même en outre s'arme contre lui-même : nos plus grands fléaux sont dans nos passions et dans celles de nos semblables. Ces maux sont destinés à nous éprouver ou à nous punir ; mais Dieu se plaît souvent à les faire aussi servir à la gloire de ses élus, en nous en délivrant par leur intercession.

Chutes mortelles.

Une petite fille de neuf mois reposait paisiblement dans son berceau, dans la chambre où dormaient aussi ses parents, lorsqu'au milieu de la nuit, une haute cheminée vient à s'écrouler avec un pan de la muraille, et entraîne dans sa chute le berceau qui reste enseveli sous les ruines. Réveillés en sursaut, les deux parents voient le malheur de leur enfant, et la vouent à sainte Anne avant de songer à se sauver eux-mêmes. Avant de découvrir le berceau, il fallut enlever, avec grande précaution, plus de dix tombereaux de décombres. Enfin reparaît la petite enfant, visiblement protégée par la main maternelle de sainte Anne, puisque, de la sorte ensevelie, elle continuait son pur et doux sommeil (1).

Une autre petite fille de deux ans s'amusait au-dessus des murailles de Ploërmel, dans un endroit où elles avaient quatre-vingt-dix pieds de hauteur. Elle se trouvait proche de son père et de sa mère; mais ceux-ci l'ayant un instant perdue de vue, elle en profite pour s'aventurer sur le bord du précipice; tout à coup, effrayée peut-être par le mouvement de ses parents qui s'élancent vers elle, elle glisse et tombe sur un rocher au bas des murailles. Le premier cri des pieux parents est de la vouer à

____

(1) Proc.-verb. de juin 1641.

11.

sainte Anne; puis, pâles d'effroi, ils descendent en courant vers l'infortunée qu'ils s'attendaient à voir brisée dans tous ses membres. Quelle est leur douce surprise de la trouver continuant ses jeux avec insouciance et s'occupant à cueillir des fleurs! Presque toute la ville voulut accourir sur les lieux pour admirer la grandeur du prodige (1).

Une autre fois un jeune manœuvre, occupé à murer un puits, est surpris par l'éboulement des terres et de la maçonnerie qui l'engloutissent vivant. Dans son affreuse situation, il invoque sainte Anne d'une voix étouffée, mais pleine de confiance. On entend ses cris, on se met à l'œuvre, et il est retiré sain et sauf au bout de trois heures.

Une jeune fille de Priziac venait de charger une charrette de foin, aidée de son frère et d'une servante : elle était tout au haut et s'apprêtait à descendre, tenant en main la fourche à deux dents de fer dont elle venait de se servir, lorsqu'un faux pas la fait chanceler ; elle tombe et donne de la tête sur une des dents de la fourche qui lui entre par le côté droit de la bouche

(1) Juin 1641.

et sort par l'os coronal. Le frère et la servante essaient en vain d'arracher le fer en poussant des cris de désespoir. Deux prêtres et quatre villageois, accourus à leurs cris, ne sont pas plus heureux. On se souvient alors de la miséricordieuse sainte Anne, et tous sont à genoux pour lui demander une de ces faveurs qu'on a droit d'espérer d'elle. L'instant d'après le fer est retiré sans effort. Mais arrive un chirurgien qui examine la blessure et ne veut pas qu'on conçoive d'espérance : aussi bien la cervelle avait été transpercée et sortait par la plaie. Une fièvre brûlante venait d'ailleurs de se déclarer avec d'alarmants symptômes : il n'y avait, disait-il, qu'un miracle qui pût rappeler la malheureuse fille à la vie. Le miracle eut lieu, puisque six semaines après, la jeune fille venait bien portante au pèlerinage pour remercier sa douce protectrice (1).

On en voit d'autres tombés sous les roues de pesantes charrettes qui leur passent sur le corps, et préservés, par la même invocation, d'une évidente mort.

Brûlures, incendies.

Le recueil des procès-verbaux cite un

[1] Enquête du 4 septembre 1649.

grand nombre d'enfants tombés dans des chaudières d'eau bouillante, ou sur les charbons du foyer; plusieurs personnes, surprises par des incendies, déjà enveloppées de flammes, toutes miraculeusement sauvées au nom de sainte Anne.

Les Religieux eux-mêmes lui durent une pareille grâce dans la première maison qu'ils occupèrent dans le bourg. Un toit de paille venait de prendre feu sous leurs fenêtres, les flammes, poussées vers eux, par un vent violent, commençaient à pénétrer dans leur bibliothèque, lorsqu'un vœu de la communauté le fait changer immédiatement de direction.

On a conservé le souvenir de quelques incendies considérables arrêtés de la même manière, à Quimperlé, en 1654, et à Auray, en 1647 et en 1812. Ce dernier incendie s'était déclaré au milieu de la rue du Château : déjà trois ou quatre maisons étaient en flammes, et toute la ville travaillait en vain à les étouffer en plein jour. Les vents soufflaient avec violence vers la ville et y jetaient, de toutes parts, des matières embrasées; la frayeur était universelle, lorsque M. Deshayes, alors recteur, eut la pensée de faire un vœu solennel, en surplis et en

étole, au milieu de tout le peuple agenouillé.
Dès ce moment le vent tomba, et l'on put
se rendre maître du foyer de l'incendie.

Morsures de chiens enragés, d'animaux venimeux, empoisonnements, blessures mortelles.

Un chien enragé venait de mordre deux
personnes : la première était un gentilhomme
nommé Gelin de Tréveret, qui met aussitôt
sa confiance en sainte Anne, et sa blessure
n'a aucune suite fâcheuse. La seconde était
une jeune fille qui n'eut pas la même inspiration : on la vit périr, peu de temps
après, dans les affreuses convulsions de la
rage (1).

Catherine le Goff, de Baud, piquée, dans
les champs, par une vipère irritée, était
tombée dans un état qui inspirait à sa famille les plus vives inquiétudes ; l'enflure
s'était répandue partout son corps ; elle avait
perdu l'usage de la parole, et sa respira-
tion était suffoquée, lorsqu'un vœu de ses
parents lui obtient une guérison soudaine.

Un pauvre infortuné, pressé par une soif
extrême, s'était empoisonné en se désalté-

[1] Proc.-verb. du 9 octobre 1631.

rant avec une eau corrompue ; des enfants étaient sur le point d'être étouffés par des épis, des jetons, de gros clous avalés par étourderie ou par accident, et de semblables vœux les rendent à la vie.

Un enseigne de la marine, l'écuyer Gouyon de la Motte, faisant faire l'exercice à ses soldats, est blessé mortellement à la gorge par un mousquet crevé entre ses mains (1) ; d'autres reçoivent dans les combats des blessures qui ne laissent pas plus d'espérance ; d'autres sont lâchement assassinés par des ennemis ou par des voleurs, et laissés pour morts sur la place ; d'autres se voient sur le point de souffrir l'amputation de leurs membres, à la suite de divers accidents, et tous n'ont besoin que d'invoquer sainte Anne pour se voir guéris en quelques jours, ou même en quelques instants.

Chutes dans l'eau, dans les fondrières.

Un marchand nommé Guillaume Dabin, se rendant à la foire de Caen, le 11 avril 1641, longeait sans précaution le dangereux rivage du Mont-Saint-Michel. Tout à coup ses pieds se dérobent sous lui, le sable

(1) Proc.-verb. du 24 septembre 1638.

mouvant s'est entr'ouvert, et il reste enfoncé jusqu'aux aisselles dans une fondrière où le moindre mouvement acheverait de l'engloutir. Ses compagnons de voyage demeurent épouvantés et interdits, n'osant faire un pas, dans la crainte de précipiter son malheur et de se perdre eux-mêmes. En attendant, la marée montante envahissait de plus en plus la grève, lorsqu'après trois quarts d'heure de mortel effroi, au moment où la vague allait l'engloutir, il songe à se vouer à sainte Anne. Son vœu fait, il se dégage de lui-même assez à temps pour éviter la lame qui inonde le rivage (1).

Pierre Bauduz revenait de Sainte-Anne et s'en retournait chez lui avec sa femme. Celle-ci, qui était à cheval, dédaigne d'en descendre pour passer le petit pont de la chaussée de l'Epine ; mais les bords étaient glissants, le cheval fait un faux pas et la jette dans la rivière. Un courant rapide l'entraîne en un clin d'œil à plus de trois cents pas. Invoquer Sainte Anne, et se précipiter à la nage fut le premier mouvement du mari ; mais il n'avait calculé ni le danger ni ses forces, et lui-même, emporté par les flots qu'il ne peut maîtriser, allait périr,

[1] Proc.-verb. du 11 avril 1641.

lorsque, dans cette espèce d'agonie, il a la présence d'esprit de renouveler son vœu. Quelques minutes après il se trouvait sur le rivage, à côté de sa femme également sauvée (1).

Tempêtes, naufrages.

Six vaisseaux marchands, portant six cents hommes d'équipage, sortaient des ports d'Irlande et cinglaient vers Saint-Malo avec bonne cargaison. Le temps avait d'abord promis un heureux voyage ; mais il change tout à coup au milieu de la Manche. Le ciel s'assombrit, les vents opposés se heurtent avec fracas, les éclairs sillonnent le ciel, le tonnerre gronde de toutes parts, les vagues se soulèvent effrayantes et se brisent les unes contre les autres, à tout moment s'ouvrent des abîmes et le désespoir s'empare des matelots. Après deux jours entiers d'une lutte trop inégale, les navires démâtés succombent ; fracassés par les vagues, ils sont engloutis avec tous leurs équipages. Sept matelots seulement eurent le bonheur, avec des peines infinies, d'aborder au rivage. Tous les sept étaient d'Ouessant et avaient, à haute voix, invoqué Sainte

[1] Proc.-verb. du 14 mai 1634.

Anne au moment où leur vaisseau sombrait dans l'abîme (1).

Le capitaine Sylvestre Tounin, assailli par une furieuse tempête, avait également lieu de désespérer de son sort. Déjà trois vaisseaux venaient d'être engloutis à ses côtés; son grand mât se brise, sa cale fait eau de toutes parts, les matelots épuisés se refusent à la manœuvre, nul n'a plus la force de plonger pour boucher les fentes du navire qui allait s'enfoncer loin du rivage et de tout secours, et il n'y avait plus d'espoir qu'au ciel, lorsque, d'une voix unanime, l'équipage invoque sainte Anne. Il priait, encore que la tempête est apaisée et leur laisse la facilité d'arriver à terre (2).

Les procès-verbaux relatent quarante faits aussi remarquables, où l'on voit des navires sans agrès et à demi-brisés, jetés sur les rochers, et sauvés du naufrage contre toute attente; ou bien, dans le naufrage, des matelots soutenus sur l'abîme au moyen de quelques débris, et portés sur la côte par un vent propice, ou secourus, en pleine mer, par quelque vaisseau de passage au moment où ils invoquent sainte Anne.

[1] Proc.-verb. du 4 juin 1652.
[2] Proc.-verb. du 30 avril 1645.

Combats sur mer.

Un navire de Saint-Malo s'étant imprudemment approché des côtes inconnues d'une île d'Amérique, se voit en un clin d'œil enveloppé par une nuée de pirogues de sauvages. La fuite était devenue impossible, et la mort paraissait inévitable. Que pouvaient quelques hommes dépourvus d'artillerie contre des ennemis acharnés et cent fois supérieurs en nombre? Une grêle de flèches empoisonnées, qui pleut de toutes parts, fait tomber une partie des matelots ; le reste n'oppose plus qu'une résistance désespérée pour éloigner du moins de quelques instants leur mort et faire acheter chèrement leur vie ; déjà les plus hardis d'entre les sauvages montent, en rugissant, à l'abordage ; on allait périr, lorsque revient à la pensée des malheureux le souvenir de sainte Anne. A peine ont-ils voué leur pélerinage, qu'une patache armée se fait apercevoir à l'horizon, arrivant à pleines voiles, et qu'une terreur panique s'empare des sauvages (1).

On n'oubliera jamais dans le pays le fameux combat contre les Hollandais, où quarante-deux marins de la paroisse d'Arzon

(1) Proc.-verb. du 1 novembre 1628.

eurent le bonheur d'échapper presque seuls au massacre de l'équipage, grâce à leur confiance en sainte Anne. De retour dans leurs foyers, ils se plurent à exprimer leur reconnaissance dans un cantique où, à défaut de versification et d'élégance de langage, ils ont su laisser une empreinte de la mâle énergie de leur foi. Ce cantique, dont l'air caractéristique est de ceux que les peuples n'oublient jamais, est encore solennellement chanté par la paroisse entière, lorsqu'au jour anniversaire de la délivrance de ses anciens enfants, elle vient en pélerinage renouveler à la Sainte ses sentiments de reconnaissance et d'amour (1).

[1] On ne sera pas fâché d'avoir ici, dans sa naïveté et sa fraîcheur antique, ce chant populaire qu'un écrivain moderne a défiguré en le traduisant dans le style du jour.

CANTIQUE D'ARZON.

Antistrophe.

Sainte mère de Marie,
Par un miraculeux sort.
Vous nous conservez la vie,
Dans le danger de la mort.

1re STROPHE.

Avec actions de grâce,
Nous venons en ce saint lieu
Honorer en cette place
La sainte Aïeule de Dieu.
Sainte mère de Marie, etc.

Combien de fois des navires faibles et pour-
suivis par des ennemis formidables, ont su
échapper, par des vœux semblables, au sort
le plus cruel. Quelquefois c'est un nuage

Nous avons été de bande
Quarante et deux Arzonnois,
A la guerre de Hollande,
Pour le plus grand de nos Rois.
    Sainte mère de Marie , etc.

Ce peuple de notre côte
Vint ici à grand concours,
Les fêtes de Pentecôte ,
Implorer votre secours.
    Sainte mère de Marie, etc.

Pendant que l'ordre nous mande
Qu'il nous fallait faire état
De voguer vers la Hollande ,
Pour leur livrer le combat.
    Sainte mère de Marie , etc.

Ce fut de Juin le septième,
Mil six cent septante et trois ,
Que le combat fut extrême
De nous et des Hollandois.
    Sainte mère de Marie , etc.

Les boulets comme la grêle,
Passaient parmi nos vaisseaux ,
Brisant mâts, cordages , voile,
Et mettant tout en lambeaux.
    Sainte mère de Marie , etc.

La merveille est toute sûre
Que pas un homme d'Arzon

qui descend sur eux pour les dérober à la vue ; ou bien c'est un vent propice qui vient à leur aide, tandis qu'un vent contraire arrête les assaillants. C'est une fois le grand

Ne reçut la moindre injure ,
De mousquet , ni de canon.
   Sainte mère de Marie , etc.

Un d'Arzon changeant de place ,
Un boulet vint à passer ,
Brisant de celui la face
Qui venait de s'y placer.
   Sainte mère de Marie , etc.

L'Arzonnais la sauvant belle ,
Eut l'épaule et les deux yeux
Tout couverts de la cervelle
De ce pauvre malheureux.
   Sainte mère de Marie , etc.

De Jésus la sainte Aïeule ,
Par un bienfait singulier ,
Nous connaissons que vous seule
Nous gardiez en ce danger.
   Sainte mère de Marie , etc.

Par humble reconnaissance ,
Nous fléchissons les genoux ,
Adorant votre puissance
Qui a paru envers nous.
   Sainte mère de Marie , etc.

Recevez toutes nos classes ,
Pour tout le temps à venir ;
Sous l'asile de vos grâces ,
Nul ne pourra mal finir.
   Sainte mère de Marie , etc.

mât des ennemis qui se rompt avec fracas au moment où ceux-ci allaient proclamer leur victoire ; d'autres fois cette victoire s'est accomplie ; et, vaincus, enchaînés, traînés loin de la patrie, les enfants de sainte Anne allaient périr, lorsqu'ils se souviennent de son saint nom et ressentent aussitôt les effets de sa puissance.

Esclavage.

Un navire breton, commandé par Even de la Montagne, ayant été pris par un brigantin turc, tout l'équipage eut les mains liées, et fut contraint de passer à bord de l'ennemi pour être jeté à fond de cale. Là, il n'est pas de traitement infâme que le fanatisme musulman n'imagine pour faire apostasier les infortunés chrétiens. Plus ceux-ci résistent, plus l'irritation va croissante. Enfin le choix est donné entre le crime et la mort. Plutôt la mort, mille fois, répondent-ils pleins de confiance en Dieu. Elle est donc résolue. Trois matelots parmi lesquels étaient le frère du capitaine, sont d'abord saisis et précipités dans les flots pour effrayer ceux qui restent ; mais nul n'est ébranlé. Un quatrième a le bras coupé et demeure inflexible. Tous allaient subir le même sort lorsqu'ils ont la pensée de se vouer à sainte Anne. La fureur des meurtriers s'apaise aussitôt ; et, comme on était en vue des côtes du Portugal, ils laissent leurs prisonniers aborder aux rochers de la plage (1).

Quatre bons catholiques, dont trois, Olivier Caille, Julien Gourdais et Laurent de la Granière, étaient des marchands de Cancale, gémissaient, depuis dix ans, dans l'esclavage des Turcs. Accablés de tout ce qu'on peut imaginer de vexations et d'outrages, par des maîtres qui se faisaient une vertu de tourmenter des chrétiens ; condamnés, en dernier lieu, à ramer dans les galères, ils en étaient venus à trouver leur sort absolument intolérable, de sorte qu'ils prirent un jour le parti de trouver immédiatement ou la liberté ou la mort. Dans la même galère se trouvaient renfermés, avec eux, dix-neuf autres esclaves chrétiens ; mais les musulmans étaient au nombre de cinquante-huit, et eux seuls étaient libres et possédaient des armes. Les catholiques comprennent le danger sans en être effrayés : car leur espérance était en sainte Anne. Après s'être voués à elle, avec cette

[1] Proc.-verb. du 8 septembre 1642.

ferveur de foi qui produit les miracles, ils font passer leur courage et leur confiance dans l'âme de tous leurs compagnons d'infortune, tous protestants, à l'exception d'un seul. Sainte Anne est le mot d'ordre qui donnera le signal du combat à mort; on n'attend plus que l'occasion favorable. Elle ne tarde pas: tout à coup un cri part, un cri terrible; les chrétiens ont brisé leurs chaînes et se jettent sur leurs oppresseurs avec tant de furie que rien ne leur résiste. Jeter les uns à la mer, terrasser ceux qui se défendent, désarmer, enchaîner ceux qui demandent grâce, fut l'affaire de quelques instants. Devenus enfin paisibles possesseurs du vaisseau qui les emprisonnait, ils abordent heureusement à Barcelonne, où sept renégats, qui se trouvaient parmi les captifs, font leur abjuration et retrouvent la liberté. De Barcelonne, les quatre libérateurs de leurs frères vinrent immédiatement accomplir leur vœu à sainte Anne, et déposer sur son autel le pavillon de Mahomet comme un trophée de leur victoire.

Un capitaine de Nantes, ayant appris que son fils avait été vendu à des Turcs par des corsaires qui l'avaient fait prisonnier, prit le parti dans sa douleur d'aller lui-même en Orient pour traiter de sa rançon ; mais comme il traversait la Méditerranée, lui-même est assailli par les pirates, et traîné en esclavage sur les côtes d'Afrique. Trois ans se passent au milieu des plus indignes traitements, et dans une situation pire que la mort, plus d'espoir de retrouver son fils et de revoir sa bien-aimée Bretagne : mais le moyen de les oublier ? Depuis longtemps il n'attendait plus de consolation que la mort, et néanmoins, sur son brûlant rivage, les souvenirs du climat plus doux de sa patrie et des beaux jours de sa liberté avaient beau empoisonner ses maux présents, il n'avait pas la force de s'y soustraire. Dans une de ses longues rêveries, il se rappelle ce qu'il avait jadis entendu dire du pélerinage de Sainte-Anne, où tant de malheureux avaient su trouver des consolations inespérées. Cette pensée le frappe : pourquoi ne pas recourir lui-même à la patronne de son pays ? Refuserait-elle sa pitié à un pauvre père qui n'était si malheureux que pour avoir tant aimé son fils ? Une voix intérieure lui dit que non, et bientôt une confiance extraordinaire lui garantit son prochain bonheur. Il fait vœu de venir, s'il réussit à se sauver, jusqu'au pélerinage en mendiant son pain. Le vœu fait, il ne songe plus qu'aux moyens de s'évader. Heureusement son maître habitait sur le bord de la mer, et avait en lui assez de confiance pour ne pas surveiller ses actions de trop près. Le prisonnier dresse ses plans en conséquence. Six compagnons d'infortune sont mis dans le complot, et il avise avec eux aux moyens de construire quelque méchante barque qui puisse, pour quelques jours, les soutenir sur mer. Il fallut renoncer à toute solide charpente, et les matériaux et les instruments leur manquaient : de longs et forts roseaux en durent tenir lieu : on les lie étroitement ensemble ; de mauvaises toiles cirées servent à les calfater : voilà le navire. S'aventurer sur un pareil esquif, pour braver une mer si souvent terrible, presque sans provisions, et pour un voyage dont rien ne pouvait déterminer la durée, c'était s'exposer à une perte inévitable ; mais l'excès du malheur leur faisait dédaigner le danger, et le nom de sainte Anne soutenait leur espérance. La nacelle achevée, ils s'y jettent avec joie ; et , sans boussole, sans voiles, presque sans gouvernail, ils se mettent à ramer vers la France. La moindre brise qui soulevait les flots menaçait de les engloutir. Qu'est-ce donc quand soudain le ciel s'obscurcit, des vents sourds commencent à mugir sur une mer houleuse; une tempête se déclare. Ils voient, du haut des vagues, de grands vaisseaux qui se brisent et s'abîment; et eux, ballottés sur leurs roseaux par une mer en fureur, ne peuvent regarder que comme un nouveau miracle chaque instant qui prolonge leur vie. Il était sensible qu'une main invisible les soutenait à travers les dangers. Deux jours et deux nuits de fatigues et d'angoisses s'étaient écoulés; les petites provisions étaient épuisées et la terre n'apparaissait pas encore. Que devenir? Un troisième jour se passe, un quatrième, sans que l'on découvre aucun rivage. N'échapperont-ils donc à la tempête que pour succomber à la faim qui les dévore, et sainte Anne ne ferait-elle son œuvre qu'à demi? Ils ne le peuvent croire, et cependant ils sont près de tomber exténués, quand enfin, le cinquième jour, une voix crie: terre! C'était Majorque et le port de Palma. Ils étaient sauvés! Lorsque du rivage on vint à découvrir ce singulier navire, personne ne pouvait comprendre d'où il pouvait venir, ni comment il se soutenait sur les flots. La surprise augmenta lorsqu'aussitôt le débarquement on vit la nacelle s'enfoncer d'elle-même ; mais l'admiration remplaça bientôt la surprise, quand les heureux passagers eurent fait part de leurs malheurs, de leurs vœux et de leur miraculeuse délivrance. Le soin de ces pauvres victimes de la barbarie infidèle revenait, de plein droit, aux PP. de la Merci des Captifs. Ils furent par eux accueillis, soignés et mis à même d'accomplir sans tarder leur promesse. Ces religieux ne furent pas encore satisfaits, ils firent retirer de la mer les restes de la barque et les exposèrent dans leur église comme un monument à la gloire de sainte Anne.

CHAPITRE VI.

Condamnations injustes. — Persécutions du monde. — Faveurs diverses.

René Lair, sentant planer sur lui d'injustes soupçons à l'occasion d'un meurtre, commence par venir recommander son innocence à sainte Anne : il est saisi peu de temps après, jeté dans un cachot et mis aux fers. Les présomptions étaient si accablantes qu'il ne lui restait, du côté de la terre, que bien peu de chances de salut : mais il ne se confiait pas en vain dans la protectrice qu'il avait au ciel. Un matin, qu'il venait de finir sa prière, s'approchant de la porte qu'on avait fermée à clef et verrouillée sur lui, quelle est sa surprise de la trouver ouverte ! En ce moment les fers qu'il porte aux pieds se détachent d'eux-mêmes, les menottes de ses poignets s'entr'ouvent et tombent. Il sort, en croyant à peine à ses yeux, trouve également ouvertes les deux autres portes qu'il avait à franchir, et se voit, libre sans que personne, en plein jour, ait paru s'apercevoir de sa fuite. Dans sa reconnaissance il prend, avant tout, le chemin de Sainte-Anne, où il raconte sa miraculeuse délivrance qui fut certifiée depuis par le geôlier de la prison.

Joachim de Cérisay, de Saintes, aumônier de Marie de Médicis, se trouvait enveloppé dans la disgrâce de la Reine et personnellement banni du royaume. Toutes ses tentatives auprès du cardinal de Richelieu avaient été infructueuses ; il se tourne du côté du Ciel, et confie son sort entre les mains de sainte Anne. La grâce ne se fit pas attendre : peu de temps après il renvoyait son pays ; mais, au milieu des consolations de la patrie, il est aisé d'oublier les promesses aussi bien que les douleurs de l'exil, et l'ingrat perd de vue le pélerinage qu'il avait voué. Il en est puni par une maladie qui le conduit deux fois à l'extrémité. Il retrouva la santé en renouvelant et en accomplissant sa promesse. Son frère, grand-vicaire de Saintes, avait déjà dû à sainte Anne une semblable faveur (1).

Ce ne sont pas seulement les grands dangers et les grands maux qui touchent le cœur de notre Sainte : les moindres peines d'un enfant émeuvent une mère, et la mère de Marie est jalouse du titre de mère des hommes.

Combien de fois les pauvres ont trouvé dans sa compassion les ressources que leur refusait la terre ; combien de fois des choses perdues, et long-temps cherchées en vain, se sont tout à coup retrouvées par son secours ; combien de fois, en particulier, elle a su diriger vers l'état de vie le plus salutaire à leur âme les jeunes personnes qui l'ont invoquée avec confiance ; combien de

(1) Proc.-verb. du 5 janvier 1649.

fois surtout elle a obtenu à des époux in-
consolables de leur solitude des gages de
leur mutuelle tendresse. Le recueil des procès-verbaux cite un grand nombre de femmes
qui lui durent cette consolation après douze,
treize, quatorze, quinze, dix-huit, vingt-
quatre années de stérilité. Affligée long-
temps elle-même d'une semblable épreuve,
d'après la tradition, est-il étonnant qu'elle
se plaise à faire partager quelque chose de
la joie qu'elle ressentit lorsqu'elle devint,
par la naissance de Marie, la plus glorieuse
et la plus heureuse des mères.

Quelques châtiments.

Nous ne pouvons pas terminer cette rapide esquisse des bienfaits de sainte Anne,
sans dire au moins un mot des justes châtiments exercés contre ceux qui eussent voulu jouir du succès de leurs promesses, sans
en accomplir les obligations sacrées. On
trouve dans les archives de la maison divers
effrayants récits d'apparitions d'âmes du
purgatoire, qui seraient venues demander
à leurs proches des messes ou des pélerinages promis ou négligés. Nous ne les rap-
portons point, parce que l'on ne pourrait

pas les appuyer de garanties suffisantes ; mais nous n'omettrons pas un événement authentique d'une nature bien autrement effrayante, et qui devrait glacer d'effroi tant de chrétiens dont les lèvres sont à Dieu et dont le cœur est au vice, qui se rient de l'abus des grâces à deux pas de l'éternité.

Un homme, dont il a fallu taire le nom, jouissant d'une grande considération au milieu d'un monde qui ne juge que par les apparences, et d'autant plus méprisable aux yeux de celui qui voit le fond des cœurs, était uni à une femme vertueuse et la trahissait par un commerce infâme. Ce qui mettait le comble à sa perversité, c'est que l'objet de sa malheureuse passion était de sa famille et habitait sa maison. Les deux coupables avaient de la foi ; ils comprenaient l'horreur de leur conduite, mais ni l'un ni l'autre ne se sentaient le courage de briser leur chaîne d'ignominie. Des années s'écoulèrent ainsi sans chercher d'autres remèdes contre les déchirements du remords que l'enivrement et l'endurcissement du vice.

Un jour cependant le moment de la grâce parut arrivé. La crainte de Dieu sembla l'emporter dans leurs cœurs ; et, pour mieux assurer leur conversion, ils formèrent le projet de faire le pélerinage pour la mettre sous la protection de sainte Anne. La famille s'y rend tout entière; et là, devant la sainte Image, dans ce sanctuaire où tout respire la sainteté, à la vue de la foule qui prie et espère, une nouvelle émotion de repentir saisit l'époux infidéle et sa complice. Ils fondent en larmes, et courent chercher, dans une confession humble et sincère, ce remède aux plaies du cœur qui ne se trouve qu'au Ciel. Ils sentent le besoin du pardon de Dieu, et leurs regrets sont assez vifs pour qu'ils en conçoivent l'espérance. Ces regrets semblent tels en effet au père Prieur, auquel ils s'adressent. Il en est convaincu, attendri et croit pouvoir passer par-dessus les règles ordinaires. Ministre de la miséricorde, il se sent intérieurement pressé de ne pas retarder davantage l'accueil que le Père réserve à l'enfant prodigue; il absout; mais en même temps, comme animé d'une inspiration prophétique, il déclare, devant Dieu, au principal coupable, que s'il vient à retomber dans son crime, malheur à lui! car il ne lui sera plus donné de se confesser encore.

Quelques mois après, l'épouse du gentilhomme était de retour au pèlerinage, et elle était en deuil, accompagnée de sa seule parente : son mari ne vivait plus. Pieuse et fidèle, elle priait pour lui, et rappelait à la Sainte, comme un titre à ses faveurs, cette piété qu'il avait montrée au même endroit il y avait si peu de temps. Mais d'autres pensées agitaient, torturaient l'âme impure de sa compagne. Celle-ci redemande le père Prieur, et le glace d'effroi en lui racontant le mystère de justice divine qui venait de s'accomplir devant elle et qu'elle lui permet de redire. Le malheureux gentilhomme, dont la conversion avait été vraie, avait quelque temps persévéré ; mais sa négligence à éloigner l'occasion prochaine et bientôt la tiédeur de sa prière, avaient rendu sa force à la tentation. Il faiblit ; il a consommé le mal en son cœur, et ne songe plus qu'à assouvir ses désirs infâmes, lorsque, au milieu de la nuit, au moment où elle le voit qui s'avance, il tombe... ; il était mort. Mort d'une apoplexie foudroyante, sans avoir pu pousser un cri vers le Ciel.... Et qu'était devenue son âme ?

Nous nous arrêtons à ce léger aperçu des faits si nombreux qu'ont, à l'envi, proclamés l'admiration et la reconnaissance. Qu'on ne soit pas surpris que la plupart des dates remontent à des temps éloignés. Ceux qui ont eu le bonheur de vivre quelque temps auprès du sanctuaire de sainte Anne, savent combien il est fréquent de rencontrer des personnes qui reconnaissent lui devoir des grâces -signalées. Le grand nombre de ceux qui continuent d'y accourir, je ne dis pas dans ces grands jours de fête, où trop souvent l'on peut être conduit par l'attrait de la curiosité et du plaisir, mais presque tous les jours de l'année, et souvent, comme autrefois, les pieds nus, sans veste, le chapelet ou le cierge en main, attestent assez que, malgré l'affaiblissement de la foi dans quelques paroisses, sainte Anne est toujours prodigue des dons qu'elle obtient de Dieu : mais dans les années qui précédèrent, comme dans celles qui ont suivi la révolution, l'on n'a pas cru qu'il fût nécessaire de dresser des procès-verbaux des grâces nouvelles, quand on en possédait déjà un si grand nombre.

Quelque restreint, au reste, que soit ce tableau, ne devra-t-il pas suffire pour pénétrer les âmes vraiment chrétiennes d'une tendre confiance dans celle qui a fait descendre sur les affligés tant de consolations ?

Puisqu'il est vrai que la divine Providence a uni, par des liens étroits, l'Eglise du ciel et celle de la terre, pour la gloire de l'une et pour le bonheur de l'autre, et que les élus ont ici-bas, aussi-bien que les Anges, leurs régions et leurs âmes privilégiés ; comment douter que l'auguste Mère de Marie ne s'applaudisse du titre de patronne de la Bretagne ! Non, il ne sera pas dit que le Breton fidèle, qui la prendra pour son avocate auprès du Sauveur, soit trompé dans son espérance. Sainte Anne veillera sur sa famille, sur ses intérêts, sur lui-même ; et, s'il ne faut pas qu'il s'attende toujours à ces biens terrestres, qui trop souvent amollissent et corrompent, il pourra toujours compter sur les vrais trésors qui enrichissent les âmes, la haine du péché, l'amour de l'innocence, le goût des bonnes œuvres et l'espérance plus vive et plus fondée du salut.

De tout ce qui précède, concluons encore que l'intervention divine, signalée par tant de faits qui dérogent aux lois de la nature, confirme ainsi, par le plus éclatant de tous les témoignages, la sainteté du culte que nous rendons à Dieu. Gloire donc à la religion de nos pères ! elle porte sur son front le sceau divin de son origine, un signe que l'orgueil humain ne saurait imprimer à ses ouvrages, et que l'imposture sait trop mal feindre. Demandez des miracles à l'hérésie, demandez-en à la philosophie mondaine : le Ciel est muet pour elles ; elles ne sont pas son œuvre ! Mais Dieu, dans tous les temps, en a accordé à son Église, au commencement pour confirmer la mission de ses Apôtres, plus tard pour honorer ses élus, pour réveiller la foi languissante et pour prémunir les faibles, par un langage entendu de tous, contre la séduction des scandales et les désolantes doctrines de l'incrédulité.

O vous donc qui, ayant perdu la foi, n'avez plus que des idées vagues et vides sur tout ce qui vous intéresse davantage ; vous qui vous êtes égarés dans la nuit du doute, et qui demandez un flambeau pour retrouver la route des destinées éternelles, revenez à cette religion sainte qui vous le mettra en main. Il n'est pas de contrée dans le catholicisme qui n'ait à citer des miracles constatés. Les procès institués pour la canonisation des Saints en offrent de tellement garantis, qu'il faut renoncer à toute certitude historique pour refuser d'y croire ;

et ces faits se comptent par milliers, tandis qu'un seul peut suffire. Ecoutez donc, ô incrédules, la voix qui dit : *Si vous ne croyez pas à moi, croyez à mes œuvres.* (S. Jean, 10, 38.) Vous voulez des gages du Ciel, regardez : les aveugles voient, les boiteux marchent, les lépreux sont guéris, les sourds entendent, les morts ressuscitent, et la bonne nouvelle est annoncée aux pauvres. (*S. Mathieu*, 11, 5.)

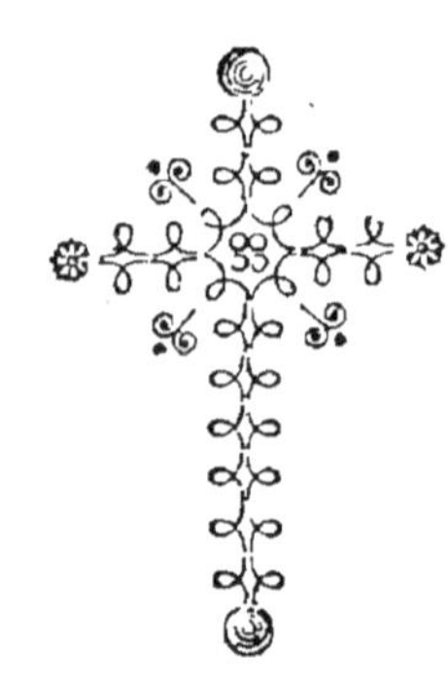

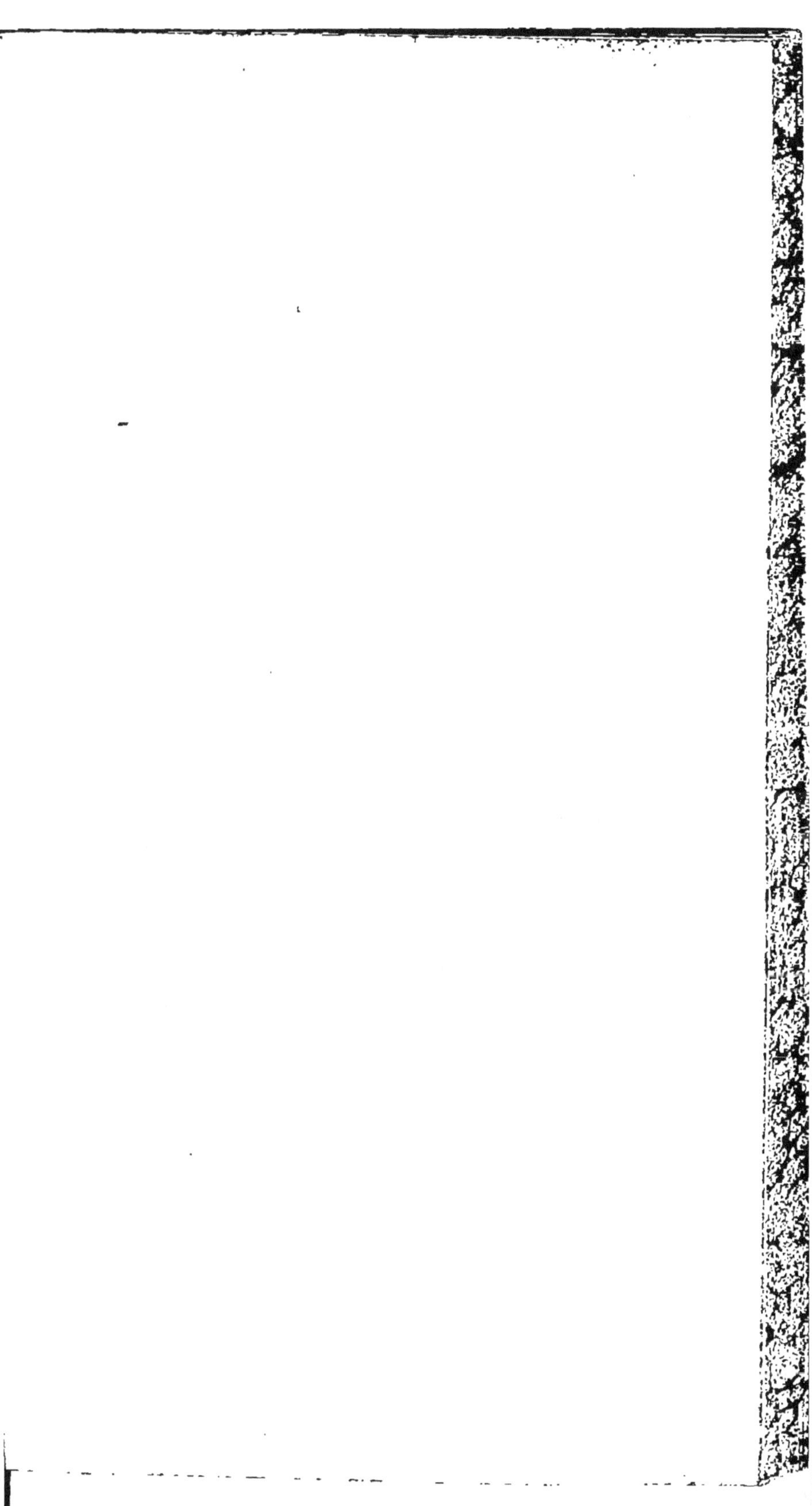

VUE DE LA PORTE DE LA SANTÉ

NOTICE

SUR

LES ENVIRONS DE SAINTE-ANNE.

Les personnes qui fréquentent le pélerinage ayant souvent exprimé le désir d'avoir quelques renseignements sur les souvenirs et les monuments du voisinage, nous allons indiquer, dans cette note, ce qui mérite le plus d'être visité.

Notre-Dame de Bethléem.

A deux lieues de Sainte-Anne, et à une lieue de Vannes, se trouve, sur la route de traverse, au milieu d'un petit village, une antique et pauvre chapelle assez bien bâtie, et consacrée à la très-sainte Vierge. C'était, avant la révolution, un pèlerinage très-fréquenté : nous voyons dans la vie de Mademoiselle de Francheville, qu'elle n'eût jamais manqué de s'y rendre le samedi, nu-pieds et en récitant le rosaire ; nous avons pu remarquer dans cette histoire que le P. Capucin chargé d'examiner Nicolazic, voulut l'y conduire pour demander à Dieu ses lumières, par l'intercession de Marie, et pour recueillir une dernière déposition du bon laboureur. Il n'est pas rare d'y rencontrer encore aujourd'hui des pèlerins répandant leurs cœurs devant celle que l'Eglise aime à nommer la consolatrice des affligés.

Cette chapelle, à ce qu'il paraît, a été fondée du temps des dernières croisades, par un chevalier du Garo, seigneur du château du même nom, dont on découvre, à quelque distance, les vastes ruines. Il ne reste malheureusement aucun document au-

thentique sur cette fondation, qui se ratta-
cherait, d'après les traditions populaires,
à un miracle tout semblable à celui de Notre-Dame de Liesse. On raconte que le noble
chevalier, fait prisonnier à Bethléem avec
son servant d'armes, avait été un soir ren-
fermé avec lui dans une espèce de coffre en
bois pour subir ensemble, le lendemain matin, l'affreux supplice du pal. Les longues
heures d'une telle nuit avaient été consolées
par la prière et la confiance en la sainte
Vierge : le rosaire n'était pas sorti de leurs
mains, et le saint nom de Marie n'avait pas
quitté leurs lèvres. Enfin les premières lueurs
du jour, pénétrant à travers les fissures des
planches, annoncent l'approche de l'heure
fatale ; les transes d'effroi redoublaient de
moments en moments, lorsque l'écuyer,
l'œil appliqué contre le trou de la serrure,
s'écrie qu'il découvre une verte campagne
toute pareille à celle de son pays ; mais son
maître lui a imposé silence ; pourquoi lui rappeler tout ce qu'il aime au moment où il
faut mourir ? L'écuyer ne laisse pas de regarder de nouveau : c'est bien la campagne
de Bretagne, s'écrie-t-il encore, et l'on dirait celle du Garo. Cette fois le noble sire s'ir-
rite, puis se prend à pleurer au souvenir de

son vieux manoir. Tout-à-coup l'on a entendu des voix.... Ce sont les bourreaux, s'écrie
le chevalier ! -- Non , repart l'écuyer, je vois
les femmes de notre village qui portent le lait
à Vannes.... Nous sommes , nous sommes au
Garo ! Quelques instants après la caisse était
ouverte , et le captif des Mahométans se voyait entouré de ses vassaux transportés de
joie. Quoi qu'il en soit de ces circonstances,
la tradition locale doit faire supposer de
grandes faveurs accordées par celle qui en
a toujours été si prodigue , et l'on doit
aimer à la prier à l'ombre de ces murs élevés par la reconnaissance.

Kerloi.

De l'autre côté de Sainte-Anne, à une
lieue et demie du bourg, sur le chemin de
Pluvigner, se trouve la terre de Kerloi,
sanctifiée par la retraite et les austérités du
célèbre Kériolet. Le vieux castel, que le
pénitent avait transformé en hôpital, laisse
à peine apercevoir quelques ruines, et se
trouve remplacé par un château moderne;
mais on voit encore dans son antique simplicité, à quelque distance du château, la
petite chapelle de Notre-Dame de Miséri-

corde, où il aimait à catéchiser ses pauvres, et, plus près de Sainte-Anne, celle de Sainte-Brigitte, où il s'arrêtait toujours en passant pour verser quelques larmes et se recommander à l'illustre servante de Marie.

Le ruisseau de Brech, Trê-Auray et la vallée de Kerso.

En sortant de Sainte-Anne, à droite de la pièce d'eau, par l'avenue de Treulan, on rencontre au-delà de ce château un vallon étroit et sinueux où coule, par une pente assez rapide, un petit ruisseau qui va se jeter dans la rivière d'Auray. Il passe au-dessous du bourg de Brech, entre des rochers où l'on voit le curieux phénomène d'une énorme masse de granit en équilibre sur l'extrémité saillante d'une autre roche où la main d'un enfant la balance, et d'où elle paraît prête à tomber, bien que des efforts, souvent tentés mal à propos, aient toujours été inutiles (1). En descendant le coteau de Treulan, on se plaît à suivre de l'œil le cours pittoresque du ruisseau, tantôt resserré par des rochers sauvages, tantôt

(1) C'est une de ces pierres que les antiquaires appellent : pierres branlantes ; on croit qu'elles servaient du temps des druides à la divination.

étendant sa nappe limpide devant les digues des nombreux moulins, tantôt s'échappant, par de bruyantes cascades, entre des touffes de sapins, des groupes de chaumières et de fraîches prairies.

La descente conduit à un pont de bois appelé, du hameau voisin, le pont de Trê-Auray. Ici le spectacle change : la vallée s'ouvre, la vue s'étend au loin sur des marais appelés paluds, où l'océan vient tous les jours refouler le gracieux ruisseau, et, dans les grandes marées, couvrir de ses eaux la vaste plaine. Cette plaine est fermée par un amphithéâtre de collines d'un aspect sévère : à droite se dessinent, dans le lointain, les murs blanchâtres d'un temple grec : c'est le monument du Champ des Martyrs ; au-dessus perce une flèche légère (1) : c'est celle de la Chartreuse. L'on a vis-à-vis soi, à l'orient, le château de Kermadio couronnant les hauteurs ; entre la Chartreuse et Kermadio, la rivière se détourne vers Auray ; à gauche est assis, sur de plus humbles coteaux et au milieu des bois, le petit château de Kerso. Le voyageur est en présence d'un théâtre de grands souvenirs.

Pour les recueillir, il nous faut remonter

(1) Depuis que ces pages sont écrites la flèche élégante a malheureusement fait place à un disgracieux petit clocher.

jusqu'à ces longs et sanglants débats qui eurent lieu, dans le quatorzième siècle, au sujet de la succession du duché de Bretagne, entre Charles de Blois et Jean de Montfort : la vallée de Kerso est le champ de bataille où l'arrêt fut prononcé par la victoire.

La bataille d'Auray.

Le duc Arthur II avait laissé quatre fils. Jean III, appelé le bon duc, son fils aîné et son successeur, étant mort sans postérité, la couronne ducale fut réclamée par Jeanne de Penthièvre, dite la boiteuse, fille du second fils d'Arthur, mort avant son frère. Les états avaient reconnu ses droits lors de son mariage avec Charles, comte de Blois, en 1338, et la cour des Pairs de France les avait sanctionnés en 1341. Le comte de Montfort appuyait ses prétentions sur ce qu'il était le seul des fils d'Arthur alors vivant ; et, à défaut d'autre titre, il avait de l'habileté, de la bravoure, la protection des Anglais et l'héroïsme de sa femme, la célèbre Jeanne de Flandres.

La guerre durait depuis vingt-trois ans, avec des alternatives de succès et de revers.

Jeanne de Flandres avait perdu son mari et vu son fils emprisonné par les Français pendant quatre ans dans le château du Louvre. Charles, à son tour, avait été pendant six ans prisonnier des Anglais, et s'était vu réduit à laisser ses enfants en otage à Londres. De grands Rois avaient pris part à la querelle; Edouard III avait mis le siége devant Vannes et Philippe II devant Hennebont; le pape enfin était intervenu par ses légats, sans que tant d'efforts eussent produit autre chose que des trèves de courte durée. Tout récemment les Evêques des deux camps avaient fait signer aux deux prétendants des accommodements qui devaient mettre un terme à l'effusion du sang, mais restés sans exécution. Déjà deux cent mille hommes avaient péri dans cette lutte stérile : il était temps d'en venir à une action décisive.

On s'y dispose de part et d'autre. Charles rassemble ses forces à Guingamp, va les passer en revue devant la Comtesse à Josselin, et les fait marcher vers Auray dont le jeune Montfort pressait si vigoureusement le siége que la place était sur le point de se rendre. Ayant couché à l'abbaye de Lanvaux, il s'en vient par les landes de Sainte-Anne, au lieu de tourner, comme il eût fallu, ce semble, le bras de mer d'Auray, et étend ses lignes à l'abri des murailles d'un château placé au-dessus de Kerso.

Montfort quitte ses retranchements pour venir à sa rencontre, et se range en bataille sur la colline opposée.

Les armées étaient peu nombreuses; on donne seize mille hommes à Charles, seulement cinq ou six mille à Montfort; mais elles renfermaient la fleur de la noblesse de Bretagne, de France et d'Angleterre, et surtout les deux plus grands capitaines de leur siècle, Duguesclin et Chandos. Chacun d'eux ayant été chargé du commandement général, Duguesclin divise les troupes de Charles en trois corps; il garde le premier pour lui auprès du pont, à ce que l'on croit; il confie le second au comte d'Auxerre, remet le troisième au Prince et laisse l'arrière-garde au sire de Rieux. Chandos suit le même ordre et oppose Knolles à Duguesclin, Olivier-de-Clisson à d'Auxerre, Montfort à Charles de Blois. L'anglais Caurelée fut chargé de la réserve.

Les armées restèrent ainsi tout le vingt-sept en présence : il y eut seulement, sur les bords de la rivière, quelques-uns de ces combats singuliers si fort du goût de ces temps chevaleresques. Le lendemain , c'était un dimanche et la fête de saint Michel , on donne de part et d'autre , avant le signal du combat , celui de la prière , et ce dut être un touchant spectacle que celui de deux armées songeant devant Dieu aux vides qui allaient s'ouvrir dans leurs rangs , et agenouillées pour se disposer en chrétiens aux chances du combat.

Enfin tout s'ébranle. Duguesclin eût voulu recevoir en deçà de la rivière le choc de Montfort : malheureusement il crut devoir céder à l'imprudente ardeur des autres chefs , et cette faute n'échappa point à Chandos ; avant que la rivière fût traversée par le comte d'Auxerre , Clisson fond sur lui. Les arbalétriers eurent bientôt épuisé leurs traits ; alors eut lieu une affreuse mêlée à la hache d'armes, où Clisson, frappé à l'œil sans cesser de combattre , parut un moment enveloppé ; mais Chandos accourt ; il enfonce, avec d'incroyables efforts , le corps triomphant de d'Auxerre. Le comte se défend en vain, en désespéré : un œil lui est arraché à son tour, et il devient, avec ses plus braves chevaliers, prisonnier de Chandos.

Plus loin , Duguesclin , qui s'était écarté de sa droite pour soutenir Charles de Blois , s'était vu attaquer avec acharnement par un chevalier que sa blanche cotte d'armes, semée d'hermines, faisait prendre pour Montfort. Charles l'a aperçu, et, brûlant de se mesurer avec son jeune compétiteur, il s'élance contre lui avec tant d'impétuosité que ses premiers coups lui font mordre la poussière.

Mais le chevalier vaincu n'était qu'un faux Montfort; et tandis que Bertrand, revole auprès des siens qui pliaient, et leur fait reprendre l'avantage contre Chandos, Knolles et Clisson, le véritable Montfort paraît; Caurelée prend en queue l'aile de Charles, Chandos le charge en flanc; et, malgré les prodiges de valeur de l'infortuné comte de Blois pour atteindre son adroit rival, sa bannière est abattue; il est fait prisonnier et frappé en traître par un soldat anglais. Il n'eut que le temps de pardonner au meurtrier et d'offrir à Dieu son âme.

Que pouvait dès lors l'héroïque Duguesclin.... Entouré d'un monceau de cadavres, il portait en vain des coups qui tenaient de la fureur, en répétant son cri si redouté: *Notre-Dame Guesclin.* Son épée, sa hache d'armes étaient rompues; les sires de Rieux, de Kergorlay, de Tournemine avaient péri; les vicomtes de Rohan et de Léon s'étaient rendus ; Beaumanoir, Tinténiac et Laval sont enveloppés à ses côtés ; seul, et n'ayant plus que ses gantelets pour se défendre, il allait périr, quand Chandos a fendu la foule : *messire Bertrand*, lui crie-t-il, *cette journée n'est pas vôtre, rendez-vous à moi.* Le héros breton était pour la première fois vaincu.

Montfort ayant fait alors cesser le carnage, voulut voir de ses yeux, parmi les morts, le corps de son ennemi avant de le faire transporter à Guingamp. On venait de lui enlever le cilice de crin blanc que Charles portait sous sa riche armure ; le vainqueur ne put refuser ni son estime à ses vertus, ni ses larmes à son malheur. *Charles de Blois*, s'écriait en pleurant Duguesclin, *était le plus vaillant et le meilleur des princes, et le plus honnête homme de son siècle.* Les chevaliers voyaient en lui un modèle, les peuples un père, tous admiraient un saint.

L'on a longtemps aimé à raconter dans le pays sa piété, son innocence et sa tendre charité, vertus qui ne s'étaient jamais démenties depuis son enfance. Sa plus grande consolation était d'assister au saint Sacrifice : *Nous aurons toujours assez de villes et de châteaux*, disait-il au sire de Montbourcher ; *mais une messe perdue par sa faute est une perte irréparable.* Il avait le privilége de la faire célébrer partout où il se trouvait, et il en entendait deux ou trois tous les jours. Sa foi vive envers le saint Sacrement de l'autel ne lui eût jamais permis de passer devant une église sans descendre pour y faire-son adoration. Il trouvait le temps, jusque dans sa vie guerrière, de réciter chaque jour différents offices, et d'ailleurs il diminuait son sommeil, pris sur la paille, pour prolonger ses prières. C'est à lui, dit-on, que remonte l'introduction dans le *Salve Regina* du mot de *Mater*, qu'il répétait toujours trois fois en se frappant la poitrine. Sa mortification était continuelle et sévère ; il domptait ses passions par des austérités sanglantes, et il entretenait la pureté de son cœur par des confessions quotidiennes ; aussi les plus puissantes séductions ne faisaient qu'augmenter son horreur du vice, et il ne pouvait tolérer à sa cour ceux dont les mœurs eussent été seulement l'objet d'un soupçon. Sa parole était à la fois douce et grave. Un jour que Beaumanoir passait sans respect auprès d'un cimetière : *Soyez plus retenu, Beaumanoir,* lui dit-il, *et souvenez-vous que vous mourrez un jour.* Une autre fois qu'il traversait encore un cimetière, il priait, et le chevalier Eon, qui l'accompagnait, refusait de répondre au psaume, parce qu'il supposait qu'il y avait là de ceux qui avaient tué ses parents et brûlé ses châteaux ; il lui rappela qu'un chrétien peut se défendre, mais qu'il ne doit pas haïr. On ne pouvait même pas, devant lui, se récrier contre Montfort : *Il croit avoir bon droit, reprenait-il, et il défend sa cause comme je défends la mienne.* Les richesses ne lui paraissaient précieuses que par le bien qu'elles lui permettaient de faire aux églises et aux pauvres. Non content d'embellir les sanctuaires où il priait plus souvent, il en faisait construire de nouveaux dans les différents lieux de ses domaines. Pour les pauvres, dans lesquels il voyait non plus seulement la demeure de Jésus-Christ, mais Jésus-Christ même, il aimait à les servir de ses mains, à genoux et le front découvert. Tous les jours de carême il en nourrissait jusqu'à cinquante dans sa maison, les faisait servir avant lui et leur lavait les pieds. Divers hôpitaux furent fondés et dotés par lui, en particulier à Morlaix et sur les ponts de Nantes. Un jour qu'il traversait ces mêmes ponts, n'ayant rien à donner aux pauvres d'un établissement dans le besoin, comme autrefois saint Martin, il leur laissa son manteau, et celui-ci était de drap d'or fourré de menu vair. Avec un cœur si noble et si tendre, il devait vivement souffrir de tous les maux qu'entraînait la défense de ses droits; mais il était époux et père, et d'ailleurs il défendait, avec les siens, les intérêts de ses barons. Nul homme n'eut jamais des goûts plus paisibles et nul n'eut une vie plus agitée; mais les prospérités de la terre sont loin d'avoir été promises à la vertu; il savait que l'adversité lui vaut mieux, puisqu'elle l'épure, et il ne se plaignait jamais de souffrir. Quand on venait lui annoncer quelque nouvelle attérante, son unique réponse était: *Dieu soit loué!* ou bien, *heureux ceux qui souffrent pour la justice!* ou encore, *consolez-vous, mes amis, et prenez courage, tout arrive pour notre bien.* De telles vertus expliquent ce que l'on a dit des grâces miraculeuses obtenues par son intercession, et font comprendre le culte qu'on se hâta de lui offrir en Bretagne, aussi bien que les démarches faites pour sa canonisation; mais le procès ayant été suspendu, le culte fut condamné par une bulle d'Urbain V.

On a raconté que d'antiques prophéties avaient annoncé les circonstances de sa mort,

et qu'il en avait eu la veille le pressentiment dans un rêve où il avait vu un daim
sans défense poursuivi et dévoré par des
sangliers. Sa défaite parut encore pronos-
tiquée le matin même par l'abandon de sa
levrette qui courut caresser Montfort au milieu de son camp : ce qui est certain, c'est
que sa mort mit fin à une guerre désas-
treuse, et que son rival put prendre dès
lors sans contestation le nom de Jean IV
et le surnom de Conquérant.

La chapelle Saint-Michel-du-Mont. — L'ordre de l'Hermine. — La Chartreuse.

Au moment où l'on était venu dire à
Montfort : *bonne nouvelle*, *vous êtes seul
duc de Bretagne*, il avait fait vœu, dans sa
joie, de bâtir une église, sous l'invocation
de la sainte Vierge, à Rennes; et il fonda,
en effet, immédiatement Notre-Dame de
bonne nouvelle; mais il ne pouvait pas oublier les lieux où il avait recueilli sa couronne, ni la cendre des braves qui l'avaient
achetée de leur sang. Il fit donc ensevelir
les morts avec honneur sur la colline où il
avait campé, et voulut, par une fondation
digne de sa fortune, éterniser sa reconnais-

sance et leur valeur. Une chapelle fut bâtie sur leur tombe sous l'invocation de l'Archange qui avait semblé protéger sa victoire, et douze chapelains y furent établis pour célébrer, à perpétuité, des messes en faveur des âmes des victimes. Un revenu de six cents livres, qui leur fut attribué, devait se prélever sur la châtellenie de Lanvaux et les recettes de Vannes et d'Auray.

Cette fondation ne lui suffit pas pour récompenser et s'attacher de plus en plus la noblesse, trop peu nombreuse, qui avait défendu sa cause, il institua la même année, aux États de Rennes, un ordre de chevalerie sous le nom de l'Hermine, et fit bâtir, auprès de la chapelle de Saint-Michel, une grande et belle salle où les chevaliers devaient tenir leur assemblée générale le jour anniversaire de la glorieuse bataille. Tous étaient tenus de s'y trouver et d'y faire dire des messes pour les membres de leur famille, et le duc donnait l'exemple de l'exactitude. C'était là qu'il conférait l'ordre aux nouveaux chevaliers : après avoir reçu leur serment de fidélité, il leur passait au cou un collier formé de deux chaînes d'or attachées par les extrémités à deux couronnes ducales qui avaient une hermine passante. Une des couronnes descendait sur le cou, l'autre sur la poitrine : chaque chaîne avait quatre fermoirs, sur chacun desquels se voyait une hermine avec un listel portant ces mots : *A ma vie.* Ces riches colliers, symboles de dévouement personnel, ne pouvaient pas être légués en héritage. A la mort des chevaliers, leur famille était tenue de les remettre au doyen des chapelains pour que le prix en fût consacré à enrichir les autels.

La chapelle de Saint-Michel-du-Mont, après avoir été desservie pendant plus d'un siècle par des chapelains séculiers, fut confiée, par le duc François II, aux soins des Chartreux. Il obtint du pape Sixte IV une bulle d'institution, datée du 21 octobre 1480, par laquelle le nombre des religieux fut fixé à douze, outre le Prieur. Les fondateurs du nouveau prieuré furent tirés de la Chartreuse de Nantes, qui fit des dépenses considérables pour les établir. Celle de Nantes se faisait alors remarquer par sa régularité; elle transmit cet esprit à sa fille d'Auray, et l'on peut dire, à la louange de celle-ci, qu'elle n'a jamais dégénéré de sa première ferveur. A la longue, les modestes propriétés du couvent, exploitées avec intelligence, doublèrent ses revenus et mirent à même de faire de nobles dépenses ; mais chaque religieux, isolé du monde, au fond de sa cellule, n'en resta pas moins pauvre : l'église et les malheureux seuls y gagnèrent. La chapelle actuelle fut bâtie, sous Louis XV, à la place du vieux monument délabré : l'autel, formé de beaux marbres, fut appuyé contre un stylobate en hémicycle supportant six colonnes corinthiennes, également de marbre, unies par un entablement complet et couronnées par des arrêtes à jour entourées de feuillage. La partie supérieure des murs fut ornée de tableaux, et les boiseries des stalles furent sculptées, avec une grande richesse, par les frères du couvent. Ce beau travail manque malheureusement aujourd'hui à la chapelle ; il a été transporté à Auray, et se voit en partie dans l'église des Cordeliers, près la promenade du Loch. Les boiseries actuelles du chœur embellissaient autrefois la nef des étrangers. A côté de l'église s'ouvre un large cloître entièrement fermé de vitraux avant la révolution ; les Pères eurent l'heureuse pensée d'y reproduire, par d'assez bonnes copies, la magnifique galerie dont le Sueur avait enrichi la Chartreuse du Luxembourg, chef-d'œuvre de l'artiste, qu'une manière toujours pleine de grandeur, de naturel et de sentiment, a fait nommer le Raphaël Français. Les dépenses nécessitées par ces travaux ne diminuaient rien de la générosité des aumônes : outre les secours particuliers, réclamés et accordés sans cesse, il se faisait dans la maison, tous les mardis, en l'honneur du saint Archange, une aumône générale de deux livres de pain bis à quiconque se présentait ; elle montait ordinairement à deux cents livres par semaine.

Une vie si simple et si paisible, un si noble usage des richesses ne devait pas préserver la Chartreuse des coups de la révolution. Plûtot que de consentir au schisme, les enfants de saint Bruno furent demander à l'exil quelque nouveau désert pour prier : cependant leurs bâtiments abandonnés furent assez heureux pour échapper au vandalisme. Leur première destination avait été de protéger des tombeaux, de nouveaux tombeaux devaient s'ouvrir et s'abriter à leur ombre.

L'affaire de Quibéron et le Champs des Martyrs.

On était aux derniers jours de la Convention : les nombreux émigrés, dispersés en Allemagne et en Angleterre, qui combinaient depuis longtemps une grande expédition contre la république, crurent l'heure arrivée de délivrer le jeune Louis XVII, et de rentrer dans leurs foyers. Ils devaient descendre sur nos côtes, au nombre de cent mille hommes, sous la conduite des Princes; mais, soit que leurs plans fussent mal concertés, soit qu'ils eussent été mal secondés par la jalouse Angleterre, ou même vendus par leur chef, comme ils l'ont cru, car dans le malheur on accueille aisément les soupçons sinistres, l'effectif de leur armée ne dépassa pas dix mille hommes : à la vérité cette petite troupe était formée des plus braves officiers de l'ancienne marine. Tinténiac et Cadudal se disposaient à les soutenir, le comte d'Artois devait débarquer au premier succès, la Vendée attendait, toujours terrible : c'en était assez pour effrayer la Convention, et elle envoya Hoche en Bretagne. Il n'eut pas toutefois à déployer ses talents militaires : la division d'Hervilly, qui s'était emparée du fort Penthièvre, fut trahie par une partie de ses soldats, anciens prisonniers de guerre faits sur la république, et perdit son général ; débarquée trop tard pour la soutenir, la division de Sombreuil fut, avec elle, rejetée au fond de la presqu'île et acculée au rivage, sans espoir de se faire jour à travers une armée trois fois plus nombreuse, ou de se réfugier sur les vaisseaux qu'une mer houleuse forçait de tenir le large : il fallut rendre les armes ou mourir. Mourir fut le choix du jeune et héroïque Sombreuil ; mais il dut capituler pour le vénérable évêque de Dol, Mgr de Hercé, et pour ses compagnons d'armes. Hoche était jeune aussi, bien que déjà l'un des plus grands capitaines de son temps ; ses sentiments n'étaient pas moins nobles ; il accepta, et ce fait, qu'on a révoqué en doute (*), a été plusieurs fois attesté par des témoins oculaires : mais il eut la douleur de voir sa promesse violée par la Convention qui répondit par une sentence de mort.

Cependant la première commission militaire, nommée à Auray par les représentants Tallien et Blad, déclina sa compétence en raison de la capitulation verbale ; il leur fallut en établir trois nouvelles à Quibéron, à Vannes et à Auray, où les prisonniers furent entassés dans les églises dépavées. On doit dire ici, à la gloire du pays que, durant ces tristes jours, il était peu de personnes, même parmi les juges, qui ne se prêtassent,

---

(*) Thiers, histoire de la révolution.

au péril de leur vie, à favoriser les évasions. Les Dames surtout, autorisées à porter dans les cachots les secours dont les malheureux étaient presqu'entièrement privés, montrèrent dans cette occasion tout ce qu'inspire d'héroïsme une charité puisée dans la piété chrétienne. Souvent les juges furent gagnés par leurs instances; un bon nombre de victimes furent sauvées par leurs pieux artifices; toutes les autres furent du moins consolées et durent à leurs exhortations de mourir en demandant à Dieu son pardon et en donnant le leur aux hommes.

Ceux que le philosophisme et l'immoralité de la Régence n'avaient pas pervertis, s'élevaient sans peine aux plus beaux sentiments. Ainsi le vieux comte de Soulanges, étendu sur la paille, soupirait après le Ciel, et sa physionomie devenait toute céleste quand il désirait voir se hâter l'heure où il reverrait tous les siens qui n'étaient plus. Le jeune de Lage, chevalier de Malte, était pressé de cacher son âge pour profiter d'un sursis accordé par Blad à ceux qui avaient émigré avant quinze ans. La vie vaut-elle la vérité? demande-t-il à son écuyer. Non, non, lui répond celui-ci, il vaut mieux mourir que de vivre par un mensonge, et il préféra la mort. Portzamparc, sur le point d'être mis à mort sur le lit où le retenaient ses blessures, demande un quart d'heure, et c'est pour écrire à sa famille la lettre la plus touchante, où il lui commande de pardonner, comme il le fait lui-même. Pour Sombreuil, il eut un moment de faiblesse : au souvenir d'une personne qu'il allait épouser au moment où il fallut mettre à la voile, il voulut se détruire à Auray ; heureusement l'arme qui lui tomba sous la main n'était pas chargée à balles ; il reconnut et pleura sa faute. On sait sa parole en mourant : *j'incline ce genou devant Dieu, et je tends l'autre aux balles de mes ennemis.*

Chaque jour une vingtaine de prisonniers comparaissaient devant le tribunal ; le jugement était court, et le lendemain matin, vingt victimes allaient à la mort. A Auray, on les conduisait à une demi-lieue de la ville, dans une prairie solitaire, couverte, au bord d'un marais, d'une touffe épaisse de châtaigniers : précisément vers l'endroit où était tombé Charles de Blois et où jadis avait été décimée la chevalerie bretonne.

Pendant le massacre des victimes, quelques-uns des anges consolateurs qui les avaient visitées dans leur prison, se tenaient cachés dans les bois de Kerso pour accueillir ceux qui, plus heureux, auraient réussi à s'évader.

Il n'y en eut point. L'un d'eux cependant, c'était le jeune comte de Rieux, le dernier de son nom, venait de franchir les paluds ; il avait traversé la rivière à la nage, et il mettait le pied sur les bords de la petite île qui est au milieu de la vallée ; une jeune enfant de la famille qui habitait Kerso, se riant des dangers, attendait à quelques pas avec des serviteurs ; des déguisements étaient prêts ; Rieux allait se trouver dans les bras de deux amis (1) déjà cachés dans les bois, quand il est aperçu par quelques misérables que l'espoir d'un horrible gain a séduits.... Il tombe. La nuit suivante, protégée par les ténèbres contre les patrouilles qui parcouraient les collines environnantes, celle (2) qui avait en vain essayé de le sauver le déposait dans la tombe, là où, quatre siècles auparavant, un des ancêtrés du comte périssait auprès de Charles de Blois.

Aussitôt l'exécution, les soldats, les fossoyeurs se hâtaient de fuir le lieu du supplice

---

(1) C'étaient le comte de Montbron et le vicomte de la Villegourio qui ont publié l'un et l'autre une relation de leur évasion.

(2) On pardonnera à l'auteur ce souvenir de sa mère.

comme on fuit le théâtre d'un crime ; de sorte que les fossés, mal comblées, restèrent, jusqu'en 1814, reconnaissables à un enfoncement circulaire d'où sortaient des ossements blanchis. L'on doit à M. Deshayes, alors curé d'Auray, la première pensée de rendre à ces restes sacrés les honneurs de la sépulture chrétienne. Après avoir enrichi la ville d'Auray de plusieurs établissements de charité, il venait d'acheter la Chartreuse et d'y confier une école de sourds et muets à la direction des Sœurs de la Sagesse : l'occasion lui parut propice ; et, dans une cérémonie touchante où toute la contrée accourut, il recueillit les ossements abandonnés, et les transporta dans un caveau de l'église de la Chartreuse préparé vis-à-vis celui des anciens solitaires.

On ne songeait point alors à de plus grands honneurs ; mais le duc d'Angoulême étant venu prier sur cette tombe dans un voyage de Bretagne, en 1814, l'éveil fut donné ; les dons affluèrent, une commission royale fut nommée pour les recueillir dans toute la France, et l'on songea à élever deux monuments, une chapelle expiatoire et une chapelle sépulcrale. La première pierre de ces édifices fut posée par la duchesse d'Angoulême, à son passage, le 20 septembre 1823. Six ans suffirent pour les élever, et l'inauguration s'en fit le 15 octobre 1829, par les Évêques de Vannes, de Saint-Brieuc et de Quimper, en présence des préfets de Chazelles et de Castellane; des députés de Margadel et de St.-Georges; des généraux de Villiers, de Coislin, de la Boëssière, de Cadudal, de Labourdonnaye, au milieu de deux cents bannières des communes et d'une réunion de vingt mille hommes.

Chapelle expiatoire du Champ des Martyrs.

A un quart de lieue de Trê-Auray, au-dessous de la Chartreuse, se rencontre un embranchement des routes de Sainte-Anne, de Pluvigner et d'Auray. Elles forment, en se réunissant, une place circulaire au milieu de laquelle s'élève une élégante colonne dorique de granit bleu portant une croix sur un globe. C'est une heureuse pensée d'avoir voulu avant tout offrir aux regards le symbole qui est celui de l'espérance et du pardon, en même temps que celui de la souffrance.

A partir de là se prolonge une avenue de sapins, à l'extrémité de laquelle s'ouvre une vaste arène entourée de terrasses et de deux

14 *

rangs d'arbres verts ; au fond de l'arène apparaît le temple. Sa façade est un portique d'ordre dorique à quatre colonnes régulièrement espacées, supportées à la hauteur des terrasses par de nombreux degrés. Les colonnes sont chacune d'un seul morceau de granit de Saint-Malo ; la charpente de la chapelle est en fer et la couverture en plaques de cuivre. Il n'y a de fenêtre qu'au fond carré de l'édifice ; une grande croix y est dessinée dans les vitraux, de manière à correspondre à celle de l'autel : les murs devaient recevoir des fresques et l'autel des ornements qui n'ont pu s'exécuter : mais telle qu'elle est, la chapelle a de la grandeur et répond à son but autant que l'art grec le pouvait faire. Une inscription, cachée sous le portique, annonce qu'on se trouve là au lieu du supplice : *Hìc ceciderunt : c'est ici qu'ils tombèrent* ; sur la grande frise de la façade il en est une autre plus éclatante qui oppose les récompenses aux douleurs : *In memoriâ æternâ erunt justi : les justes laisseront un souvenir éternel.*

On reprend l'avenue de sapins pour monter à la Chartreuse, où l'on trouve la seconde chapelle appuyée contre celle du couvent.

Chapelle sépulcrale de la Chartreuse.

Sur une façade unie, et terminée par l'obligé fronton triangulaire, se détache un petit portique dont l'inscription prévient le voyageur que tout ce qu'il voit est le fruit d'une collecte nationale : *Gallia mœrens posuit : la France en pleurs l'a élevé.* Les murs intérieurs sont couverts de marbres blancs et noirs, les fenêtres sont ornées de vitraux de couleur, et la voûte est peinte en ciel étoilé. Au milieu de l'édifice s'enfonce le caveau et par-dessus s'élève un stylobate portant le sarcophage. La porte du caveau, coulée en bronze et d'un travail exquis, est percée dans le stylobate; celui-ci est décoré en outre, aux quatre angles, par des génies qui tiennent les palmes hautes et les flambeaux renversés, et, sur les côtés, par des cadres formés de guirlandes de cyprès et contenant les noms de neuf cent cinquante-deux victimes.

Le sarcophage, exhaussé par un triple socle au-dessus de la corniche, présente, sur les deux petites faces de son dé, les bustes des principaux officiers. On voit, en face de la porte d'entrée, les comtes de Sombreuil et de Soulanges, et, contre l'église, les comtes d'Hervilly et de Talhouet. Les deux grands côtés offrent deux bas-reliefs représentant, à droite, le débarquement avec la date du XXVII Juin MDCCXCV, et l'inscription : *Perierunt fratres mei omnes propter Israël : tous mes frères sont morts pour Israël ;* à gauche, le trait sublime de Géril du Papeu, qui venait d'atteindre à la nage la frégate anglaise pour faire cesser son feu après la capitulation, et s'apprête à s'élancer de nouveau à la mer, malgré les sollicitations du commodore Waren, pour aller partager le sort de ses compagnons d'infortune ; on lit au-dessus : *In Deo speravi, non timebo : j'ai espéré en Dieu, je ne craindrai pas.* Le sarcophage se termine par un couronnement cintré dont les tympans sont également revêtus de riches bas-reliefs. Le premier représente la religion déposant une couronne sur un tombeau ; on lit au-dessous : *Quibéron XXI julii MDCCXCV.* Le second offre le profil de l'évêque de Dol, Mgr de Hercé, dans un médaillon surmonté d'une croix et soutenu par des Anges. Diverses inscriptions complètent les premières : *Pro Deo, pro Rege nefarie trucidati : indignement immolés pour Dieu et pour le Roi.* — *Pretiosa in cons-*

pectu Dei mors sanctorum ejus : précieuse devant Dieu est la mort de ses Saints. — Pro animabus et legibus nostris : pour nos vies et nos lois. — Accipietis gloriam magnam et nomen æternum : vous recevrez une grande gloire et un nom éternel.

A la porte d'entrée de la chapelle répond une large arcade intérieure donnant sur la nef des étrangers. Des deux côtés de l'arcade sont de nouveaux reliefs en marbre qui représentent, d'un côté le duc d'Angoulême priant sur les ossements des victimes, et de l'autre la Duchesse frappant sur la première pierre du tombeau. En face du mausolée se trouve, de l'autre côté de la nef, un autel dédié à la sainte Vierge et à saint Michel. L'architecture de tous ces monuments fait le plus grand honneur aux talents de M. Caristie, ancien pensionnaire de France à Rome, et membre du Conseil royal des bâtiments.

Pourtant, qu'il soit permis aux amis de l'art national et chrétien du moyen âge de regretter que la commission n'ait pas eu la hardiesse de le préférer, au mépris des préjugés rétrogrades, à cet art exotique que du moins la renaissance modifiait avec son originalité piquante, mais que l'école moderne tient à retracer avec une froide fidélité. Tout art est un langage, et jamais celui qui s'est développé sous l'influence du polythéisme sensuel de la Grèce, n'exprimera parfaitement les idées et les sentiments nouveaux introduits par le christianisme dans le monde. Aussi les peuples formés à sa céleste école ont eu leur art propre dont les développements ont été parallèles à ceux de leur foi sur laquelle reposait son symbolisme.

On ne peut s'empêcher de croire que, dans la vallée surtout, une de ces chapelles ogivales, si communes dans le fond de notre Bretagne, qui se détacherait sur la verdure du coteau en élançant vers le ciel et le triangle de son pignon, et ses clochetons multipliés, et sa flèche octogone en pierre, inspirerait bien autrement la prière que le fronton aplati des anciens ; et l'on soupçonnera sans peine que dans l'intérieur la lumière douce, mystérieuse, versée à flots par le soleil levant à travers les vitraux peints d'une abside circulaire, ou que le soleil couchant laisserait descendre par la grande rose du portail, donnerait de toutes autres pensées des mystères et des espérances du monde à venir, que la lumière commune offensant l'œil qui la fixe.

Dieu nous délivre de cet art payen si peu en rapport avec nos pensées, nos sentiments religieux, nos goûts et nos climats! Au lieu d'églises on nous donne des temples profanes, de serviles copies des Grecs idolâtres, comme si nous n'avions pas, nous catholiques, nous Français, un art chrétien, un art sublime enfanté par le génie de la foi, et que les anciens peuples n'eussent pas connu sans nous l'envier; comme si la merveilleuse architecture du moyen âge ne l'emportait pas sur celle des payens de toute la supériorité d'une religion de vérité, de pureté et d'amour sur le culte impur des sens et des plaisirs?

La ville d'Auray.

On ne peut pas parler de Sainte-Anne et de la Chartreuse sans dire un mot d'Auray qui leur prête son nom.

Sans prétendre, avec notre historien Le Baud, qu'Auray ait eu pour fondateur le fameux Roi Arthur, connu dans les récits de la table ronde, on peut croire que son origine remonte à une haute antiquité; car l'avantage de la position, aussi bien que la beauté du site, dut être observé de bonne heure par les anciens maîtres de la Bretagne.

Il est au moins certain que dès le onzième siècle, le château offrait un séjour digne de nos vieux souverains. Il en est parlé dans une charte donnée par Hoël, en 1069, et dans une autre d'Harscued, fils de Roderch, à la date de 1082 : *Factum est*, y est-il dit, *apud castrum Alras Hoelo comite ibi curiam tenente cum multis baronibus.*

Le duc Arthur I y fit bâtir un nouveau et magnifique château en 1201. A la fin du même siècle, en 1286, on y établit la chambre des comptes de la province, et le Parlement y siégea sous Jean II, en 1289.

Il serait et difficile et fastidieux de suivre l'histoire du château d'Auray au milieu des longues guerres de la succession et de celles contre la France, où on le verrait tour à tour pris et repris par les armées rivales, jusqu'à ce qu'enfin Henri II l'ayant fait démolir, on en transporta les pierres à Belle-île pour bâtir la citadelle. Il ne reste plus des constructions antiques que quelques souterrains inexplorés et quelques arcades encore visibles sur les flancs les plus escarpés du Loch (1).

Une perte bien plus récente et bien plus douloureuse pour la ville d'Auray, est celle

____

(1) Promenade publique qui domine la rivière.

de la superbe tour de Notre-Dame de Bethléem, qui paraît avoir été un ouvrage du treizième ou quatorzième siècle. La base avait cent pieds de hauteur, et la flèche aérienne s'élevait à cent quinze pieds au-dessus. Elle dominait au loin la plaine et se faisait apercevoir en pleine mer. Elle était l'amour aussi bien que la gloire de la contrée ; car elle protégeait une gracieuse chapelle consacrée au mystère de la naissance du Sauveur, et où tous, les gens de mer surtout, venaient invoquer la sainte Vierge, non sans recueillir de précieuses faveurs. On admirait encore dans la chapelle, avant la révolution, neuf magnifiques vitraux de couleur représentant la vie de Jésus-Christ. A l'endroit où la piété et les arts trouvaient ces richesses se voit aujourd'hui une petite place proche de l'église actuelle.

Il ne reste plus à Auray d'autre monument historique que les murs de l'église du Saint-Esprit, maintenant dénaturés par les étages d'un collége. Ce ne fut d'abord qu'un simple oratoire fondé par nos Ducs, parce que, disent les chartes, *c'était lieu plaisant pour prier Dieu.* On y établit bientôt des chapelains pour y célébrer tous les jours l'office ; plus tard on y introduisit l'ordre du Saint-

Esprit de Montpellier qui a donné son nom à la chapelle. Cet ordre fut uni, en 1773, à celui de Saint-Lazare ; mais il perdit, dans cette fusion, ses propriétés d'Auray qui furent annexées à l'hôpital, grâce à la sollicitation de l'évêque de Vannes Mgr Amelot. La révolution ayant détruit le couvent, la chapelle est restée depuis lors abandonnée. Un ami de l'art religieux aimerait à voir, dans les salles basses de la maison, un tombeau du quinzième siècle, à l'arc à la Tudor, aux pendentifs en dentelles et aux sculptures délicatement évidées, que l'on peut reconnaître encore malgré les mutilations et l'insulte du badigeonnage faites jadis par l'ignorance.

Le voyageur ne quittera pas Auray sans monter par le quai Martin à la promenade du Loch, d'où il découvrira, du haut du belvédère, un magnifique panorama.

Au nord, que nous venons de parcourir, apparaît la Chartreuse, le bourg de Brech, et au-delà la jolie flèche de Pluvigner, dominant les forêts de Camors, de Floranges et de Lanvaux : on voit, plus à droite, les châteaux de Treulan, de Kerso et de Kermadio, le bourg de Pluneret, le campanille de Sainte-Anne, et Grand-Champ qui se perd à l'horizon.

Au levant se dessine le long ruban de la route de Vannes, et par delà les larges landes que dorent les ajoncs, se découvrent les clochers de Plœren, de Plougoumelen, de Baden et de la vieille ville de Vannes ; puis Port-Navalo, Sarzeau et Saint-Gildas de Rhuis que le nom d'Abeilard a rendu célèbre.

Au midi l'œil suivra avec intérêt le cours du bras de mer d'Auray, où un continuel mouvement de chaloupes, de péniches, de chasse-marées, de bricks et de goëlettes entretient la vie, et dont les rives, fortement accidentées, laissent apparaître, au milieu des rochers battus par les flots et des bouquets de pins et de sapins battus par les vents, le pavillon de Haute-Folie, et les châteaux du Plessis-Kaër, de Kerisper-Montaigu et de Kerantré-Gouvello. La vue s'étend sur l'Isle-aux-Moines, l'Isle-d'Arz et les groupes de rochers déserts semés dans le golfe du Morbihan ; enfin par delà Loch-Maria-Ker, au pieux pélerinage et aux souterrains druidiques, jusqu'à Belle-île et son phare, et jusqu'aux rochers presque inaccessibles d'Houat et d'Hédic.

Enfin, en remontant vers le couchant, l'on aperçoit Crach et les ruines pittoresques du château et de la chapelle de Locmaria ; plus loin, Carnac et les longues files blanches de ses pierres gigantesques et mystérieuses, désespoir des archéologues, où les uns voient des tombeaux celtiques, les autres des temples ophitiques; ceux-ci des monuments druidiques, ceux-là des monuments pélasgiques, et peut-être cyclopéens.

Derrière Carnac se cache Quibéron, Quibéron aux sanglants souvenirs! qui envoie jusqu'à Auray et au-delà, comme un sourd gémissement, le bruit du brisement de ce qu'on appelle la mer sauvage au fond des cavernes profondes de la côte occidentale.

C'était aux pieds du belvédère, dont la base est antique, qu'avaient lieu tous les dimanches, avant la révolution, de bruyantes assemblées suivies de rixes très-fréquentes. Grâce à Dieu, ces abus ont été depuis abolis, et l'Alréen ne se fait plus remarquer que par son attachement héréditaire à ses principes religieux.

Aussi est-il peu de villes d'une population de quatre à cinq mille âmes qui jouissent d'un plus grand nombre de pieux établissements.

Outre le petit séminaire de Sainte-Anne et l'établissement de la Chartreuse, où les Dames de la Sagesse ont un pensionnat de demoiselles et une école de sourds-muets, il y a dans la ville un collége communal au St.-Esprit et une école nombreuse de Frères de la doctrine chrétienne ;

Un hôpital général tenu par une nombreuse communauté de Dames hospitalières de Saint-Augustin ;

Un hospice (ancien couvent de Capucins) où les Sœurs du Saint-Esprit prennent soin des vieillards infirmes et des incurables, font des distributions de repas aux indigents et élèvent des enfants pauvres. Ces deux maisons dépendent de la même administration, dite des hospices, qui fait tous les ans un versement de fonds de trente mille francs.

Une autre maison, celle du Père-Eternel (ancien couvent des Cordeliers), est tenue par les Dames de Saint-Louis, de l'institut de Madame Molé (1). Elles tiennent des écoles de filles et sont chargées de pourvoir aux Retraites mensuelles françaises et bretonnes fondées jadis par le vénérable père Huby, et aujourd'hui encore si florissantes qu'il n'est pas rare de compter quatre et cinq cents femmes réunies en silence pour puiser un nouvel amour de leurs devoirs dans la méditation des vérités éternelles.

(1) Mère du Comte Molé, devenu Grand-juge sous l'empire, Président du Conseil des ministres sous Louis-Philippe.

A toutes ces institutions, il faut joindre celle du Bureau de charité, formé, sur le modèle de ceux de saint Vincent de Paul, par les Dames de la ville.

Daigne la divine Providence accorder à la ville d'Auray de mettre à jamais à profit pour le Ciel les priviléges qui lui sont donnés, et qu'aucun de ses enfants ne mérite jamais la plainte du Sauveur : *Si l'on avait fait dans Tyr et dans Sidon ce qui a été fait en toi, c'est sous le cilice et la cendre qu'elles auraient fait pénitence.*

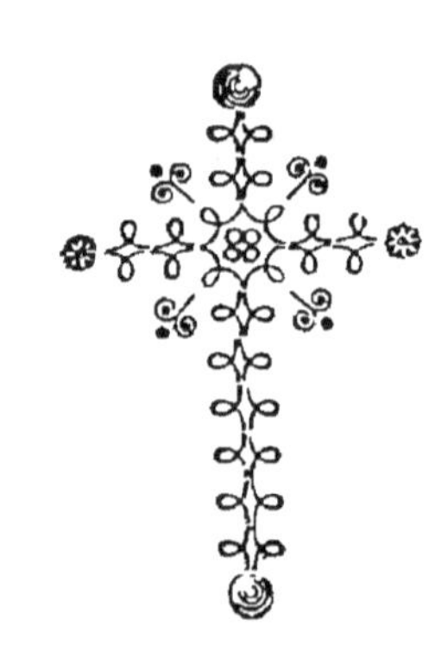

PETIT OFFICE

DE

SAINTE ANNE.

Cet office, autorisé d'abord par Alexandre VI et enrichi d'une indulgence de 100 jours, a été depuis confirmé par Clément VIII, qui a attaché à sa récitation une nouvelle indulgence de 30 jours. On s'est servi, pour la première impression qui s'en est faite en France, de l'exemplaire qui fut envoyé par le Souverain Pontife à Marie de Médicis.

AD MATUTINAM.

INCLYTA stirps Jesse virgam produxit amœnam, de quâ processit flos : stirps est Anna, Dei genitrix est virga, flos est Jesus-Christus.

℣. Domine, labia mea aperies : et os meum annuntiabit laudem tuam.

℣. Deus, in adjutorium meum intende : Domine, ad adjuvandum me festina.

Gloria Patri, et Filio, et Spiritui-Sancto :

Sicut erat in principio, et nunc et semper, et in secula seculorum. Amen.

Alleluia *ou* laus tibi, Domine, Rex æternæ gloriæ.

HYMNUS.

GAUDE, mater matris Christi,
Quæ per aurem applausisti
Dei Patris nuncio.

Gaude quia concepisti,
Sterilis quæ cùm fuisti,
Joachim conjugio.

Gaude quia tua Nata
In te clausa, sit mundata
Parentelæ. vitio.

A MATINES.

L'illustre racine de Jessé a fait germer une gracieuse tige, et la tige, une fleur : la fleur est Jésus, la tige est Marie et la racine est Anne.

℣. Seigneur, vous ouvrirez mes lèvres, et ma bouche annoncera vos louanges.

℣. O Dieu, venez à mon aide : hâtez-vous, Seigneur, de me secourir.

Gloire au Père, et au Fils, et au Saint-Esprit : maintenant comme avant tous les âges, toujours, et dans les siècles des siècles.

Au temps de Pâques, Alleluia.

Le reste de l'année, Louange à vous, Seigneur, roi de l'éternelle gloire.

HYMNE.

Réjouissez-vous, ô mère de la mère de Jésus-Christ, à qui le Père a envoyé son ange, et qui avez, d'un cœur fidèle, accueilli son message.

Réjouissez-vous, vous qui viviez stérile auprès de Joachim ; car le choix du Seigneur vous a rendue féconde.

Réjouissez-vous : car celle qui a reposé dans votre sein n'y a point puisé de tache : seule entre les enfants d'Eve, elle est immaculée.

15 *

Gaude quia vas virtutis
Pepcristique salutis
Castitatis filiam.

Gaude quia stellam mundi
Atque cellam regis summi
Lactasti cum gaudio.

Per quam luce vultûs sui
Nobis semper detur frui
In perenni gloriâ. Amen.

℣. Ora pro nobis, beata Anna ;
℟. Ut liberemur ab omnibus malis.

Oremus.

Deus, qui beatæ Annæ tantam gratiam
donare dignatus es, ut beatam Mariam,
matrem tuam, in utero suo portare mereretur : da nobis, per intercessionem matris et
filiæ, tuæ propitiationis abundantiam; ut,
quarum memoriam pio amplectimur amore,
earum precibus et meritis ad cœlestem Jerusalem pervenire mereamur. Per eumdem
Christum Dominum nostrum. Amen.

Réjouissez-vous : car celle que vous avez donnée au monde sera sous votre toit comme un vase de parfums, une source de salut, un trésor de virginale innocence.

Réjouissez-vous : car celle que vous avez allaitée sera pour le monde l'étoile qui le dirigera; pour le roi des cieux, son tabernacle de gloire.

Que par elle il nous soit donné de pénétrer jusqu'aux clartés du Seigneur : que nous puissions nous réjouir dans l'éternelle gloire.

℣. Priez pour nous, bienheureuse Anne;

℟. Et que nous soyons délivrés de tous les maux.

Prions.

O Dieu, qui avez daigné combler sainte Anne de tant de faveurs, qu'elle a pu mériter de porter en son sein l'auguste Marie votre mère : accordez-nous, par l'intercession de la fille et de la mère, l'abondance de vos miséricordes ; afin qu'aidés des prières, et enrichis des mérites de celles dont nous gardons le souvenir avec tant d'amour, nous puissions nous réunir à elles dans la céleste Jérusalem. Par J.-C. notre Seigneur. Ainsi.

AD PRIMAM.

Deus, in adjutorium, etc.
    a tri, etc.

HYMNUS.

ANNA Jesse radix egregia,
Omni micans virtute præviâ;
De te Virgo processit regia :
Regi Regum nos reconcilia.
℣. Anna mater matris Christi,
℟. Spem auge, quam concepisti.

Oremus.

DEUS, qui beatam Annam dilectæ genitricis tuæ matrem egregiam ad cœlestis vitæ
elevasti gaudia : concede propitius, ut ipsius
intercessione ad æterna gaudia pervenire
mereamur. Qui vivis et regnas in secula
seculorum. Amen.

AD TERTIAM.

Deus, in adjutorium, etc.
Gloria Patri, etc.

HYMNUS.

INCLYTA stirps Jesse virgam produxit,

A PRIME.

O Dieu, venez, etc.

HYMNE.

Glorieuse fille de Jessé, dès l'enfance embellie de toutes les vertus; bienheureuse Anne, qui avez donné au monde votre fille pour Reine, réconciliez-nous avec le Roi des Rois.

℣. Bienheureuse mère, par qui nous est venue l'espérance : ℟. augmentez celle que nous avons en Dieu.

Prions.

O Dieu, qui avez voulu combler sainte Anne, l'excellente mère de votre mère chérie, de toutes les joies du céleste séjour ; accordez-nous, dans votre bonté, de parvenir par son intercession à goûter, aussi nous, ces joies éternelles. O vous qui vivez et régnez dans les siècles des siècles. Ainsi soit-il.

A TIERCE.

O Dieu, venez, etc.

HYMNE.

Du vieux tronc de David, un rejeton s'é-

De quâ flos processit
Miro plenus odore :
Virgo Dei Mater, flos ortus ab illâ.

℣. Ora pro nobis, beata Anna,
℟. Nunc, et semper, et in mortis horâ.

Oremus.

DEUS, qui beatam Annam matrem tuæ genitricis fieri voluisti : præsta, quæsumus, ut apud te meritis utriusque, matris et filiæ, regna cœlestia consequamur. Qui vivis et regnas, etc.

AD SEXTAM.

Deus, in adjutorium meum, etc.
Gloria Patri, etc.

HYMNUS.

MATER matris Redemptoris, Anna nobilissima,
Quæ jam regnas cum Angelis coronata gloriâ,
Tu nostrî memor esto. Fac, ô Anna sanctissima,
Ut possimus perpetuò tuâ jungi familiâ.

℣. Cœleste beneficium introivit in Annam ;
℟. De quâ nata est nobis pia Maria.

lève portant une fleur embaumée... La Vierge mère de Dieu, est la fleur dont sainte Anne est la tige.

℣. Priez pour nous, bienheureuse Anne,

℟. Maintenant, et à toute heure, et à l'heure surtout de notre mort.

Prions.

O Dieu, qui avez daigné choisir Ste Anne pour mère de la vôtre ; faites, nous vous en conjurons, que, par les mérites de l'une et de l'autre, nous trouvions place auprès de vous, dans vos célestes royaumes. O vous qui vivez et régnez dans les siècles des siècles.

A SEXTE.

℣. O Dieu, venez, etc.

HYMNE.

Mère glorieuse et bienheureuse mère, dont la fille a eu pour fils un Dieu; vous qui régnez maintenant au milieu des Anges couronnée de gloire, souvenez-vous de nous et obtenez-nous, ô sainte Anne, d'aller augmenter pour toujours votre céleste famille.

℣. La rosée du ciel est descendue sur sainte Anne.

℟. Sainte Anne nous a donné la miséricordieuse Marie.

Oremus.

Exaudi nos, Deus salutaris noster : ut, sicut de beatæ Annæ commemoratione gaudemus, ità piæ devotionis erudiamur affectu. Per Christum Dominum nostrum. Amen.

AD NONAM.

Deus, in adjutorium, etc.
Gloria Patri, etc.

HYMNUS.

Anna, pia mater, ave,
Cujus nomen est suave :
Anna sonans gratiam,
Preces nostras suscipe.

℣. Anna felix Natæ partu ;
℟. Flos est Nata felix ortu.

Oremus.

Da, quæsumus, omnipotens Deus, ut, qui beatæ Annæ matris Mariæ commemoratione lætamur, ejus semper patrocinia sentiamus. Per Christum Dominum nostrum. Amen.

Prions.

Exaucez-nous, ô Dieu notre salut, afin que l'exemple des vertus de sainte Anne ait sur nous autant d'empire que son souvenir a pour nous de charmes. Par Jésus-Christ notre Seigneur. Ainsi soit-il.

A NONE.

℣. O Dieu, venez, etc.

HYMNE.

Je vous salue, modèle des mères, dont le nom est si doux à vos enfants : Anne veut dire grâce et amour ; dans votre amour pour nous, obtenez-nous celui du Seigneur.

℣. Bienheureuse Anne, qui avez eu Marie pour enfant !

℟. Bienheureuse Marie, qui avez eu sainte Anne pour Mère !

Prions.

Accordez-nous, nous vous en supplions, ô Dieu tout-puissant, de ressentir les effets de la protection de sainte Anne autant que nous aurons à lui offrir nos hommages. Ainsi soit-il.

AD VESPERAS.

Deus, in adjutorium, etc.
Gloria Patri, etc.

Hymnus.

Ave, Jesse radix floris,
Qui cœlestis dat odoris
Perennem fragrantiam.

Ave, parens stellæ maris,
Quæ tu matrem contemplaris,
Regis Regum, filii.

De turbine tempestatis
Nos attrahe cum beatis,
Et reduc nos exilio.

Tu quæ sola meruisti,
Esse mater matris Christi,
Preces nostras suscipe.

Tu nos matri atque proli,
Regi ac Reginæ proli,
Commendare satage. Amen.

Ant. Benedicta sit sancta Anna, quæ Mariam genuit, per quam nobis spes salutis æternæ apparuit.

℣. Anna, redde propitium,
℟. Per Natam, natum filium.

A VÊPRES.

℣. O Dieu, venez, etc.

HYMNE.

Salut, rameau du vieux tronc de Jessé, vous dont la fleur a embaumé la terre et l'a embaumée des parfums du ciel.

Salut, ô vous qui avez fait briller au firmament l'étoile de la mer, qui contemplez maintenant dans sa gloire la mère du fils du Roi des Rois.

Arrachez-nous aux tourbillons de l'orageux océan : attirez-nous du fond de l'exil au séjour des bienheureux.

Exaucez les vœux de ceux qui souffrent; venez au secours des faibles qui vous implorent, heureuse et puissante mère de Marie.

Et, pour que nous passions de l'exil dans la patrie, recommandez-nous au Roi et à la Reine des cieux, parlez à votre fille et à son fils. Ainsi soit-il.

Ant. Bénie soit sainte Anne, qui nous a donné Marie, Marie qui a été l'aurore du jour de l'éternel salut.

℣. Ste Anne, rendez-nous Jésus propice,

℟. En faisant prier Marie pour nous.

Oremus.

Deus, qui beatæ Annæ tantam gratiam donare dignatus es, ut beatam Mariam matrem tuam in utero suo portare mereretur : da nobis, per intercessionem matris et filiæ, tuæ propitiationis abundantiam ; ut, quarum memoriam pio amplectimur amore, earum precibus et meritis ad cœlestem Jerusalem pervenire mereamur. Per eumdem Christum Dominum nostrum. Amen.

AD COMPLETORIUM.

Converte nos, Deus, salutaris noster, et averte iram tuam à nobis.

Deus, in adjutorium, etc.
Gloria Patri, etc.

Hymnus.

Anna parens sublimis Dominæ
Quæ est mater misericordiæ,
Gemma lucens cœlestis curiæ,
Te veneramur amore filiæ.

℣. Dilexit Dominus sanctam Annam ;
℟. Et amator factus est formæ illius.

Prions.

O Dieu, qui avez daigné combler sainte Anne de tant de faveurs qu'elle n'a pas été indigne de porter dans son sein votre bienheureuse mère : accordez-nous, par l'intercession de la mère et de la fille, l'abondance de votre propitiation ; afin que celles dont le souvenir nous est si cher, nous aidant de leurs prières et nous enrichissant de leurs mérites, nous obtenions de parvenir à la céleste Jérusalem. Par J.-C. N. S.

A COMPLIES.

Changez nos cœurs, ô Dieu qui voulez nous sauver, et détournez de nous votre colère.

O Dieu, venez, etc.

Hymne.

Bienheureuse Anne, que reconnaît pour sa mère celle qui est reine de gloire parmi les anges et mère de miséricorde parmi les hommes, celle qui brille devant Dieu comme la perle de la couronne des élus, notre amour pour votre fille nous remplit d'amour pour vous.

℣. Le Seigneur a chéri sainte Anne.

℟. Il s'est épris de la beauté de ses vertus.

Oremus.

Deus, qui beatæ Annæ tantam gratiam conferre dignatus es, ut unigeniti Filii tui mater effici mereretur : concede propitius, ut, cujus commemorationem celebramus, ejus apud te patrociniis adjuvemur. Per eumdem Christum Dominum nostrum. Amen.

Antiphona ad Virginem.

Ave, gratiâ plena, Dominus tecum : tua gratia sit mecum : benedicta tu in mulieribus, et benedicta sit sancta Anna mater tua, ex quâ sine maculâ et peccato processisti, Virgo Maria; ex te autem natus est Jesus-Christus Filius Dei vivi. Amen.

Antiphona ad sanctam Annam.

Ave, mater matris Dei,
Per quam salvi fiunt rei;
Ave, prole fecundata
Anna Deo dedicata;
Pro fideli plebe totâ
Apud Christum sis devota.

Prions.

O Dieu, qui avez daigné conférer à sainte Anne l'insigne faveur de donner le jour à la mère de votre Fils unique, soyez-nous propice et accordez-nous d'être secourus auprès de vous par celle dont nous honorons la mémoire. Par J.-C. notre Seigneur. Ainsi.

Antienne à la très-sainte Vierge.

Je vous salue, pleine de grâce, le Seigneur est avec vous, et vous, soyez avec moi.

Vous êtes bénie entre toutes les femmes, et après vous, bénie soit sainte Anne votre mère. Vous avez été conçue par elle sans péché, ô Vierge Marie, et de vous est né Jésus-Christ, le fils du Dieu vivant. Ainsi.

Antienne à sainte Anne.

Je vous salue, ô mère de cette mère de miséricorde qui conduit les pécheurs au salut.

Je vous salue, miraculeuse mère d'une enfant que Dieu s'était réservée.

Vous qui êtes si près de J.-C., ne cessez pas de l'invoquer pour tout le peuple fidèle.

LITANIÆ SANCTÆ ANNÆ.

KYRIE, eleïson.   Christe, eleïson.
Kyrie, eleïson.
Christe, audi nos.   Christe, exaudi nos.
Pater de cœlis, Deus,   miserere nobis.
Fili, Redemptor mundi, Deus,   mis.
Spiritus sancte, Deus,   mis.
Sancta Trinitas, unus Deus,   mis.
Sancta ANNA,   ora pro nobis.
Sancta Anna, mater Mariæ virginis,   ora.
Sancta Anna, sponsa Joachim,   ora.
Sancta Anna, socrus Joseph,   ora.
Sancta Anna, arca Noe,   ora.
Sancta Anna, arca fœderis Domini,   ora.
Sancta Anna, mons Oreb,   ora.
Sancta Anna, radix Jesse,   ora.
Sancta Anna, arbor bona,   ora.
Sancta Anna, vitis fructifera,   ora.
Sancta Anna, regali ex progenie orta,   ora.
Sancta Anna, lætitia Angelorum,   ora.
Sancta Anna, proles Patriarcharum,   ora.
Sancta Anna, oraculum Prophetarum,   ora.
Sancta Anna, gloria Sanctorum et Sancta-
     rum,   ora pro nobis.
Sancta Anna, gloria Sacerdotum et Levita-
     rum,   ora pro nobis.

LITANIES DE SAINTE ANNE.

Seigneur, ayez pitié de n. J.-C., ayez pitié.

Seigneur, ayez pitié de nous.

J.-C., écoutez-nous. J.-C., exaucez-nous.

Dieu, Père céleste, ayez pitié de nous.

Dieu Fils, Rédempteur du monde, ayez.

Dieu, Esprit-Saint, ayez pitié de nous.

Sainte Trinité, un seul Dieu,   ayez.

Sainte ANNE, priez pour nous.

Sainte Anne, mère de la Vierge Marie, pr.

Sainte Anne, épouse de Joachim,   priez.

Sainte Anne, belle-mère de Joseph,   priez.

Sainte Anne, arche de Noé,   priez.

Sainte Anne, arche d'alliance du Seigneur,

Sainte Anne, mont d'Oreb,   priez.

Sainte Anne, racine de Jessé,   priez.

Sainte Anne, arbre qui portez le bon fruit,

Sainte Anne, vigne féconde,   priez.

Sainte Anne, issue du sang des Rois, priez.

Sainte Anne, joie des Anges,   priez.

Sainte Anne, fille des Patriarches,   priez.

Sainte Anne, oracle des Prophètes, priez.

Sainte Anne, gloire des Saints et des Saintes,   priez pour nous.

Sainte Anne, gloire des Prêtres et des Lé-
vites,   priez pour nous.

Sancta Anna, nubes rorida , ora.

Sancta Anna, nubes candida , ora.

Sancta Anna, nubes clara , ora.

Sancta Anna, vas plenum gratiæ , ora.

Sancta Anna, speculum obedientiæ, ora.

Sancta Anna, speculum patientiæ , ora.

Sancta Anna, speculum devotionis , ora.

Sancta Anna, propugnaculum ecclesiæ, ora.

Sancta Anna, refugium peccatorum , ora.

Sancta Anna, auxilium christianorum, ora.

Sancta Anna, liberatrix captivorum , ora.

Sancta Anna, solatium conjugatorum, ora.

Sancta Anna, mater viduarum , ora.

Sancta Anna, matrona virginum , ora.

Sancta Anna, portus salutis navigantium ,

Sancta Anna, via peregrinorum , ora.

Sancta Anna, medicina infirmorum , ora.

Sancta Anna, sanitas languentium , ora.

Sancta Anna, lumen cæcorum , ora.

Sancta Anna, lingua mutorum , ora.

Sancta Anna, auris surdorum , ora.

Sancta Anna, consolatrix afflictorum, ora.

Sancta Anna, auxiliatrix omnium ad te cla-
mantium , intercede pro nobis.

Agnus Dei, qui tollis peccata mundi ; Parce
nobis , Domine.

Agnus Dei, qui tollis peccata mundi ; Exaudi
nos , Domine.

Ste Anne, nuée qui répandez la rosée du ciel,

Sainte Anne, nuée d'éclatante blancheur, pr.

Ste Anne, nuée resplendissante de lumière,

Sainte Anne, vase rempli de grâce,   pr.

Sainte Anne, miroir d'obéissance,   pr.

Sainte Anne, miroir de patience,   pr.

Sainte Anne, miroir de dévotion,   pr.

Sainte Anne, rempart de l'Eglise,   pr.

Sainte Anne, refuge des pécheurs,   pr.

Sainte Anne, secours des chrétiens,   pr.

Sainte Anne, délivrance des captifs,   pr.

Sainte Anne, consolation des époux,   pr.

Sainte Anne, mère des veuves,   pr.

Sainte Anne, gouvernante des vierges,   pr.

Sainte Anne, port de salut des navigateurs,

Sainte Anne, chemin des voyageurs,   pr.

Sainte Anne, remède des infirmes,   pr.

Sainte Anne, santé des malades,   pr.

Sainte Anne, lumière des aveugles,   pr.

Sainte Anne, langue des muets,   pr.

Sainte Anne, oreille des sourds,   pr.

Sainte Anne, consolatrice des affligés,   pr.

Sainte Anne, secourable pour tous ceux qui
    crient vers vous, intercédez pour nous.

Agneau de Dieu, qui effacez les péchés du
    monde ; pardonnez-nous, Seigneur.

Agneau de Dieu, qui effacez les péchés du
    monde, exaucez-nous, Seigneur.

Agnus Dei, qui tollis peccata mundi, mise-
rere nobis.
Christe, audi nos.　　Christe, exaudi nos.
℣. Dilexit Dominus sanctam Annam ;
℟. Et amator factus est formæ illius.

Oremus.

Omnipotens, sempiterne Deus, qui beatam Annam in genitricis Unigeniti tui matrem eligere dignatus es ; concede propitius, ut qui ejus commemorationem fideli
devotione recolimus, ipsius meritis æternæ
vitæ suffragia consequamur ; Qui vivis et
regnas Deus.

Agneau de Dieu, qui effacez les péchés du monde, ayez pitié de nous.

℣. Le Seigneur a pris en affection Ste Anne.

℟. Et il a aimé la beauté de ses vertus.

Prions.

Dieu tout-puissant et éternel, qui avez daigné donner la bienheureuse Anne pour mère à celle de votre Fils unique ; faites, nous vous en conjurons, qu'honorant sa mémoire par une dévotion fidèle, nous obtenions par ses mérites des suffrages de vie éternelle, ô vous qui régnez dans les siècles des siècles.

Prière à Sainte Anne.

Nous vous saluons, très-glorieuse sainte Anne ; soyez bénie entre toutes les femmes de ce que vous avez eu le bonheur de porter dans votre sein la très-sainte et immaculée Vierge Marie, mère de Dieu. Nous prenons part à la joie que vous ressentîtes au moment de cette heureuse naissance, et au généreux sacrifice que vous fîtes au Père éternel, lorsque vous la présentâtes au Temple. Présentez-nous vous-même, grande Sainte, à votre chère fille et à Jésus-Christ son fils, et soyez notre avocate et notre protectrice auprès de Jésus et de Marie ; car que ne devons-nous pas espérer de votre crédit, si nous avons le bonheur d'avoir rouvé grâce auprès de vous, ô glorieuse sainte Anne ! Ainsi soit-il.

Prière à sainte Anne pour lui recommander quelque affaire.

Glorieuse sainte Anne, pleine de bonté pour tous ceux qui vous invoquent, pleine de compassion pour tous ceux qui souffrent, me trouvant accablé d'inquiétudes et de peines, je me jette à vos pieds, vous suppliant humblement de prendre sous votre conduite l'affaire qui m'occupe. Je vous la recommande instamment, et vous prie de la représenter à votre fille et notre mère, la très-sainte Vierge, et à la Majesté divine de Jésus-Christ, pour m'obtenir une issue favorable. Ne cessez pas d'intercéder, je vous en conjure, que ma demande ne me soit accordée par la divine miséricorde. Obtenez-moi par-dessus tout, glorieuse Sainte, de voir un jour mon Dieu face à face pour le louer, le bénir et l'aimer avec vous, avec Marie et avec tous les élus. Ainsi soit-il.

FIN.

TABLE DES MATIÈRES.

PREMIÈRE PARTIE.

DÉCOUVERTE DE LA STATUE MIRACULEUSE.

NOTICE

Sur ce qu'il y a de plus remarquable dans les environs de Sainte-Anne.

Fin de la Table.